생성형 AI와 도시·부동산

인공지능총서

인공지능 시대입니다. 기계가 인간의 인지를 대신하고, 사물이 인간을 통하지 않고 다른 사물과 직접 커뮤니케이션합니다. 이에 따른 인간 삶과 문명 변화를 정확히 이해 · 예측 · 대응하는 것은 이 시대 우리 모두의 과제입니다. 인공지능총서는 인공지능 기술과 환경의 여러 주제를 10가지 키워드로 정리합니다. 관련 개념과 이론, 학계와 산업계의 쟁점, 우리 일상의 변화를 다룹니다. 인간과 기술의 현재, 미래를 세심히 분석합니다.

일러두기

- 인명, 작품명, 저서명, 개념어 등은 한글과 함께 괄호 안에 해당 국가의 원어를 병기했습니다.
- 외래어 표기는 현행 어문규정의 외래어표기법을 따랐습니다.

처음이세요?

전문가세요?

생성형 AI와 도시·부동산

서정렬

대한민국, 서울, 커뮤니케이션북스, 2025

생성형 AI와 도시 · 부동산

지은이 서정렬
펴낸이 박영률

초판 1쇄 펴낸날 2025년 3월 21일

커뮤니케이션북스(주)
출판 등록 2007년 8월 17일 제313-2007-000166호
02880 서울시 성북구 성북로 5-11
전화(02) 7474 001, 팩스(02) 736 5047
commbooks@commbooks.com
www.commbooks.com

ISBN 979-11-7307-837-8 03500

책값은 뒤표지에 표시되어 있습니다.

차례

생성형 AI의 도시·부동산 분야 적용과 변화

도시와 부동산의 현재: '개발의 시대'에서 '관리의 시대'로

도시(都市, City, Urban)는 '인간의 정치 · 경제 · 사회적 활동의 중심이 되는 장소이며 인구 집중으로 인해 비교적 인구 밀도가 높은 지역'을 말한다. 부동산(不動産, Real Estate)은 '토지 위에 부착된 정착물'로서 토지나 건물처럼 움직일 수 없는 자산을 의미한다.

우리나라의 도시화율, 즉 국토 전체 면적 가운데 도시 지역에 거주하는 인구의 비율은 2023년 기준으로 92.1%다. 2023년도 주거실태조사 결과에 따르면 '내 집'을 갖고 있는 자가 보유율은 60.7%로 나타났다. 우리나라 국민들 100명 가운데 약 92명은 도시 지역에 거주하고 있고 부동산 자산으로서의 '내 집'을 갖고 있는 비율은 약 60% 수준이라는 의미다.

도시 · 부동산은 단순하게 '도시 지역 내에 있는 부동산'으로 이해할 수도 있고, '도시와 교통, 개발과 건축 등과 관련된 연구 대상 공간' 또는 '도시'와 '부동산'의 개별적인 분야를 합쳐 부르는 용어로 이해될 수 있다.

'도시(공공)디자인'이 기존 도시계획과 건축 분야의 한계를 넘어서는 것(서정렬, 2016)과 같이 '도시 · 부동산' 또는 '도시부동산'으로 달리 표기되거나 명명 된다고 하더라도 기존 '도시' 분야와 기존 건축과 부동산 분야를 포괄하는 융합적 용어로 이해할 필요가 있다. 아니 이미 융합적 용어나 분야로 많이 언급되고 있다. 경계가 없어졌거나 없어지고 있는 것이다.

이것은 우리나라가 1970년대 '개발의 시대'로 국토 개발과 도시를 건설하면서 급속한 도시화를 이루었지만 2010년 이후부터는 경제적 · 사회적 · 문화적인 '관리(재생)의 시대'로 접어들면서 국토 및 도시 차원의 대규모 개발보다는 기존 공동화된 원도심이나 국가 산업단지, 지방 산업단지 등에 대한 재구조화 사업이 요구되면서 도시 분야와 부동산 분야 간 학제 간 연구(inter-disciplinary research, inter-disciplinary collaboration)를 통해 기존의 학문적 · 실무적 영역이상호 융합(Convergence) 내지는 통섭(Consilience)되고 있는 것과 무관하지 않다고 할 수 있다.

도시와 부동산의 미래 : '스마트시티'와 '프롭테크'

'스마트시티(Smart City)'는 도시 분야에서 최근 가장 많이 언급되고 있는 키워드 가운데 하나다. '프롭테크(Proptech)'는 부동산 분야에서 새롭게 나타나고 있는 스타트업 기업들을 통칭하는 단어로, 역시 많이 언급되는 단어다. 관련 분야로는 상관성이 없어 보이는 스마트시티와 프롭테크 간 공통점이 있다. 바로 인공지능(Artificial Intelligence) 즉, AI 역할에 근간을 두고 있다는 것이다.

'스마트시티'에 대한 정의는 국가와 기관별로 다소 차이는 있으나 일반적으로 정보통신 기술이 적용되어 도시 전체가 통신망으로 연결되고, 이를 기반으로 도시 문제 해결을 위한 다양한 서비스를 제공하는 편리하고 효율적인 도시를 말한다(정승현, 2024). 그럼에도 이와는 별도로 기존 도시와는 차별화된, 기존 도시에서와는 달리 보지 않았으면 좋거나 아니면 일어나지 않았으면 좋은 것을 기대하면서 말 그대로 '스마트(Smart)'한 '도시'라는 중의적인 단어로 사용 할 때도 있다.

'프롭테크'는 '빅데이터, 블록체인 등 첨단 정보 기술(IT)을 결합한 부동산 서비스'를 말하고 AI에 의한 빅데이터 등에 기반 한다는 방식보다는 1인 가구 청년 세대들이 원룸을 구할 때 많이 이용하는 '직방', '다방'이나 개별 필지에 건축법에 따라 건물을 짓고자 할 때 이용하는 밸류맵, 랜드북 등 스마트폰 애플리케이션 가운데 하나로 인지하고 있는 경우가 더 많을 것이다. 물론 프롭테크로서의 관련 기업이 우리나라에 300개가 넘으며 이들 업체들이 속해 있는 별도의 단체가 있다는 것을 아는 소비자들도 현재로서는 많지 않을 듯싶다.

따라서 생성형 AI는 컴퓨터나 디지털 기기에 활용에 익숙한 특정 '세대(Generation)' 즉 젊은 세대에게만 필요한 것이 아니다. '시대(Era)'가 요구하고 있는 변화라고 할 수 있고 이미 우리 생활 속에 다양한 형태로 녹아 있다. AI를 활용해 글을 쓰기도 하고 자료도 찾으며 다양한 문제를 해결한다.

AI가 일상적인 시대에 살아남을 수 있는 방법은 무엇일까? 어떤 직업이 살아남을 수 있을까? 의외로 간단하다. AI를 상대로 지속적으로 질문하면 된다. 지속적으로 깊이 있는 질문을 던질 수 있느냐 없느냐로 살아남을 직업과 살아남을 사람들이 선별된다. 이것이 인공지능(AI)이 만들어갈 사회 변화에 빠르게 적응할 수 있는 생존 능력이다.

그런데 최근 AI의 발전 속도에 비추면 질문도 사라질 것으로 보인다. 다름 아닌 질문도 필요 없이 사용자의 생각과 의도를 파악할 수 있는 'AI 에이전트'가 2025년 현재 가장 주목받을 것으로 보이기 때문이다.

AI 에이전트가 산업과 사회 변화를 이끄는 동력이 될 것이라는 관측이 지배적이다. 일반적으로 AI 에이전트는 사용자의 의도를 이해해 자율적으로 작업을 수행하는 지능형 시스템을 말한다. 기존의 생성형 AI는 주로 사용자가 프롬프트(명령어)를 입력하면 문자로 답을 내놓거나 이미지 · 영상을 만들어 주는 방식이었다. 진화한 AI 시스템은 사용자의 의도를 깊이 이해해 여행 예약, 음식 주문, 의류 쇼핑과 같은 작업을 처리할 수 있다. 업무 영역에서도 AI 에이전트가 여러 작업을 대신하면서 인간이 창의적이고 고차원적인 업무에 집중할 수 있게 해 줄 것이라는 기대가 나온다.

AI의 발전과 도시부동산 '공간'의 변화

AI는 이미 도시부동산 분야에 도입되어 활용되고 있으며 도시 공간과 부동산 공간을 바꾸어 놓고 있다. 다만, 많은 시민들과 소비자들이 아직 어떻게 AI가 도시계획과 부동산 분야에 도입되어 활용되고 있는지에 대해 구체적으로 알지 못할 뿐이다.

많은 사람들이 '역세권', '학세권', '편세권', '슬세권'과 같은 특정 세력권을 선호한다. 그런데 앞으로 '버티스톱(verti-stop)', '버티포트(verti-port)', '버티허브(verti-hub)' 등이 기존 생활권이나 도심 등에 조성되고 이를 중심으로 하는 세력권으로서 '우암(UAM) 세력권', 또는 '버티 세력권'이 만들어진다면 어떻게 될까?

도로에서 젊은 청년들이 많이 타고 다니는 소위 킥보드의 법정 명칭은 PM(Personal Mobility)이다. 도로에서 타고 다니는 퍼스널 모빌리티로서 PM이 있다면 하늘에는 영화 속에서 많이 봤듯 날아다니는 비행체와 같은 UAM(도심항공교통, Urban Air Mobility)이 있다. UAM이 사람을 태우고 내리는 곳이 바로 버티스톱, 버티포트, 버티허브가 된다. 당연히 하늘을 날아다니는 교통수단이다 보니 기존 도로가 아닌 건물 옥상이나 공공건물, 공공장소 인근 등에 조성될 가능성이 높다. 그렇다면 이들 UAM 세력권 근처는 지금의 역세권처럼 부동산 가격이 높아질 가능성이 높다. 특히, 복합 상가와 같은 대형 몰(mall)이 조성돼 기존 상권을 위협할 수도 있다. 그리고 버티포트, 버티허브 등의 건물은 AI에 의한 BEMS(building energy management system)에 의해 운영 · 관리되는 스마트빌딩이고 이들 스마트빌딩이 다수 있는 도시가 스마트시티로 조성 된다면 어떻게 될까? 그리고 당연히 사람들의 관심이 많은 거주할 공간으로서의 아파트와 투자용으로서의 수익형 부동산이 이들 스마트시티 안에 조성된다면 어떻게 될까? 더 나아가 부동산 투자에 있어서도 의사 결정에 AI가 많은 기여를 할 수 있다면 어떤 생각이 들까?

AI 도입은 소비자가 부동산에 투자하게 될 경우의 리스크를 줄여 주는 데 기여한다. 미국의 베터먼트(Betterment)와 웰스프론트(Wealthfront)의 '로보어드바이저(Robo-Advisor)' 서비스는 고객의 투자 목표와 재정 상태에 맞춰 자동으로 자산 배분을 조정하며, 시장 변동에 따라 실시간으로 포트폴리오를 재구성해 준다. 로보어드바이저는 AI 알고리즘을 활용한 자산 관리 서비스인 것이다. 더 나아가 AI는 대체 투자 자산 관리에서도 활발히 사용되고 있다. 예를 들어 AI는 부동산, 원자재, 암호 화폐 등 다양한 자산군의 데이터를 분석해 투자 기회를 발견하고 해당 자산의 리스크를 예측한다. AI가 제공하는 이러한 리스크 관리 솔루션은 투자자들이 다양한 자산에 대한 투자 결정을 내릴 때 큰 도움이 된다(임명수, 2024). 이미 그런 투자 자문용 AI 상품이 관련 업체들에 의해 활용되고 있다.

단순히 스마트시티에서 생활하면서 도심항공교통(UAM)을 이용하고 버티허브 인근 아파트에 거주하는 것뿐만이 아니다. 현재 시점보다 개인의 의견이 도시 정책이나 국가 정책에 더 많이, 제대로 반영되는데 AI의 도움이 미칠 수도 있다. 다양한 의견, 다양한 필요와 요구를 AI가 정치인들보다 합리적이고 적절한 방법으로 해결방안을 제시해 줄 수 있기 때문이다.

AI는 맞춤형 정책을 통해 시민들의 다양한 요구를 충족시킬 수 있다. 기존 정책은 일반적으로 모든 시민에게 동일하게 적용되며 개인의 다양한 필요와 상황을 반영하기 어렵다. 그러나 AI는 개인의 데이터를 분석해 맞춤형 정책을 제공할 수 있다. 이것은 정부의 신뢰 회복과 증진에 기여 할 것이다(한세억, 2024). 이런 이유로 '디지털 플랫폼 정부'를 넘어 'AI 정부'가 제안될는지 모른다.

이 책의 구성

이 책은 AI와 도시계획 및 부동산 분야와의 관련성과 AI의 도입과 발전에 따른 도시계획과 부동산 분야에의 영향과 전망에 대해 다룬다.

도시계획과 부동산은 전문가들 뿐 만 아니라 일반 국

민이자 소비자 입장에서 도시 지역에서의 생활이나 거주, 부동산 취득과 소비 측면에서 전혀 낯설지 않다는 점에서 일반인들도 궁금해 할 수 있는 내용의 주제들을 될 수 있으면 쉽게 이해할 수 있도록 서술하고자 했다. 그리고 '인공지능총서'의 편집 의도가 '인공지능 시대', AI의 활용성, 실용성에 대한 실증적 책자로 기획된다는 점에서 개별적인 10개의 주제를 작성함에 있어 실제 ChatGPT-4o mini를 활용해 일부 작성 후 내용을 보완 · 작성하기도 했다.

책 전체의 구성은 총서의 작성 기준에 맞춰 총 10개의 장으로 구성했다. 10개의 장 가운데 4개의 장(2장, 4장, 6장)은 AI의 도시계획 분야에의 도입과 국내외 도입 사례와 전망을, 또 다른 4개의 장은 동일하게 부동산 분야에의 AI 도입과 국내외 사례와 전망을 정리했다.

두 개 남은 맨 첫 장(1장)과 마지막 장(10장)은 AI와 도시 · 부동산 분야와의 관련성과 향후 종합적인 발전 전망을 담고자 했다. 장별 구성은 다음과 같다.

1장에서는 AI가 어떻게 도시계획과 부동산 분야와 연관되는지 그 관련성에 대해 알아본다. 전공 학문 분야로는 달리 구별될 수 있으나 '토지 위에 부착된 정착물'인 부동산이 결국은 도시 공간을 구성하는 개별 단위일 수 있다는 점에서 도시와 부동산 분야를 이 책에서는 따로 구별하지 않고 혼용하거나 그렇게 할 수 있음을 첫 장에서 밝힌다.

2장에서는 AI가 도시계획 분야에 어떻게 도입되어 활용되고 있는지를 기존 도시 공간의 스마트화로서의 스마트시티 전환 가능성과 국내외 도입 사례들을 통해 살펴본다.

3장에서는 2장과 마찬가지로 부동산 분야에 4차 산업 혁명의 일환으로 AI가 어떻게 도입되었고 어떤 도입 사례들이 있는지를 프롭테크를 통해 설명한다.

4장에서는 머지않아 목도하게 될 '스마트시티'의 개념과 의의를 살펴보고 스마트시티의 본질에 대해 알아본다. 그리고 스마트빌딩의 개념과 국내외 사례 등을 통해 스마트시티와 스마트빌딩이 만들어갈 도시 공간의 변화 가능성에 대해 개괄한다.

5장에서는 도시에서의 실생활과 밀접한 도시 공간이 조성되는데 기여하는 도시 설계와 도시 공공디자인 등이 AI의 도입과 활용에 따라 어떻게 우리 주변에서 구현되고 작동될 수 있는지를 '택티컬 어바니즘' 사례 등을 통해서 알아본다.

6장에서는 앞서 AI가 이미 도입되어 AI 기술이 반영되고 있다고 살펴본 도시계획 분야가 발전되고 있는 AI를 통해 앞으로는 어떻게 변화될 것인지, 어떻게 변화될 수 있는지에 대해 전망해 본다.

7장에서는 부동산 시장에 대해 이해하거나 이해된 정보를 바탕으로 매입 또는 투자 의사를 갖고 있을 때 AI정보가 반영된 정보를 어디까지 믿을 것인지, 어떻게 활용해야 하는지에 대해 개별 관련 기업들과 관련 애플리케이션의 특장점 등에 살펴본다. 또한, AI를 활용해 작성한 '2025년 부동산 시장 전망' 내용을 원문 그대로 포함시켜 AI 활용 내용을 직관 할 수 있도록 했다.

8장에서는 부동산 개발에 AI가 어떻게 기여할 수 있는지에 대해 살펴본다. 디벨로퍼(developer)들이 관련 자료를 수집하고 나름 객관적으로 검토해 부동산 개발에 대한 의사 결정을 하게 되지만 변화되는 부동산 시장과 관련 정책들로 인한 리스크를 어떻게 회피(hedging)할 수 있는지, 그렇게 하는데 AI가 실질적 도움을 줄 수 있는지를 관련 기업들의 개별 사례를 통해 알아본다. 또한, 민(private)과 관(public)의 AI를 통한 부동산 정보 활용 및 개발 관련 의사 결정에 대해서도 살펴본다.

9장에서는 6장에서와 마찬가지로 AI 기술 발전에 따라 변화하게 될 부동산 분야에 대해 전망한다. 부동산이 단순히 '자산 가치'가 아닌 우리나라 국토 공간에 속하면서 도시 공간에 개별 용도로 기능하고 또한 부동산 공간으로 스케일(scale)이 변화되는 단계를 설명한다. 이를 통해 단순한 '건물', 단순한 '자산 가치'가 아니라 '공간 가치'를 갖는 작은 '원단위'로서의 부동산 분야를 전망하고 설명한다.

10장에서는 AI 도입과 활용의 정도를 넘어 빠른 속도로 발전하고 있는 AI가 '도시 부동산 분야', '도시 부동산 공간'을 어떻게 변화시키고 바꿔야 하는지에 대한 담론으로 '공간 가치'라는 키워드를 통해 살펴본다. AI 기술의 핵심인 '연결성'과 '데이터 분석'이 우리 모두 생활 터전인 '도시'와 주거와 경제 활동 공간이기도 한 개별 '부동산'을 통해 교통 정체, 주택 격차(housing devide), 갈등, 반목 같은 것은 최소화하면서 걷기 좋은 보행(walkable), 도시성(urbanity), 자부심 등을 어떻게 느끼게 할지 그러려면 어떻게 조성해야 하고, 어떻게 이용·활용해야 할지에 대해 '공간 가치 시대' 개막이라는 기대감을 'AI 시대'를 통해 전망한다.

참고문헌

국토교통부(2023). 『2023년 도시계획현황통계』.

국토교통부(2024). 『2023년도 주거실태조사 결과』.

김민수(2024.10.18). [UAM 이착륙장 '버티포트'] '버티포트' 프로젝트 전쟁이 시작됐다, ≪대한경제신문≫. https://www.dnews.co.kr/uhtml/view.jsp?idxno=202410171707066430661

서정렬(2016). 『도시 공공 디자인』, 커뮤니케이션북스.

서정렬(2019). 『부동산 개발, 디벨로퍼』, 커뮤니케이션북스.

서정렬(2022.11.11). [부동산현장] 쓱, 'SSG랜더스'의 세계관과 '부동산 시장' 인사이트, ≪양산신문≫. https://www.yangsanilbo.com/news/articleView.html?idxno=89762

서정렬(2024.04.08). [기고] '생성형 AI'와 도시·부동산 분야 관련성, ≪양산신문≫. https://www.yangsanilbo.com/news/articleView.html?idxno=107561

서정렬(2024.12.23). [부동산 현장] 부동산격차로서의 양극화, 이중 양극화, 다중 양극화, ≪양산신문≫. https://www.yangsanilbo.com/news/articleView.html?idxno=113377

서정렬(2025.01.02). [주간 부동산 인사이트 칼럼] AI에게 물어본 '2025년 울산시 부동산 시장 전망', ≪울산경제신문≫. https://www.ulkyung.kr/news/articleView.html?idxno=61359

서정렬(2025.01.06). [부동산 현장] AI에게 물어본 '2025년 부동산 시장 전망', ≪양산신문≫. https://www.yangsanilbo.com/news/articleView.html?idxno=113624

이상엽(2024). 『AI를 이용한 사회과학 연구 방법』, 커뮤니케이션북스.

이세원·유재성·이기훈·정예진(2024). “도시 AI(Urban AI) 구현을 위한 정책적 시사점”, ≪국토정책 Brief≫ 949, 국토연구원.
이종원(2024). 『A1 알고리즘의 이해』, 커뮤니케이션북스.
이희정(2024). 『도시의 미래와 AI』, 커뮤니케이션북스.
임명수(2024). 『AI 핀테크와 재테크』, 커뮤니케이션북스.
정승현(2024). 『탄소 중립 도시와 인공지능』, 커뮤니케이션북스.
최경아·이세원·김익회·유인재·이기훈(2023), 『국토 디지털 전환에 대응한 메타버스 구축 및 활용방안』, 국토연구원.
한국경제용어사전. 프롭테크.
https://terms.naver.com/entry.naver?docId=5752871&cid=42107&categoryId=42107
한세억(2024). 『AI와 정부』, 커뮤니케이션북스.
시골교수 서정렬의 궁리연구소. https://blog.naver.com/dpos7532

01
AI와 도시·부동산 분야 관련성

AI는 단어 그대로 '인공(Artificial)'과 '지능(Intelligence)'의 합성어다. 인공지능은 현재 많은 분야와 연관된다. 도시계획이나 부동산 분야도 마찬가지다. 생성형 AI가 도시계획과 부동산 분야와 어떻게 연관되는지에 대해 설명한다. 더불어 도시계획과 부동산 분야에 대한 생성형 AI의 도입과 역할 등에 대해서도 살펴본다.

AI와 1인 창업?

생성형 AI 개념과 적용 분야

생성형 AI가 등장한 것은 2022년 11월 오픈AI의 챗GPT 등장을 기점으로 생성형 AI와 거대 언어 모델(LLM) 기술 경쟁이 벌어진 때부터라고 할 수 있다.

이용자의 요구에 따라 서로 다른 결과물을 생산해 내는 '생성하다', '만들어 내는' 의미의 생성형 AI(Generative AI)는 AI가 학습한 데이터를 바탕으로 기존에 없던 새로운 콘텐츠를 창출해 내는 기술을 말한다. 여기서 콘텐츠는 텍스트, 이미지, 음성, 영상 등 다양한 형태를 포함한다.

생성형 AI는 방대한 양의 데이터에서 패턴과 규칙을 학습하고, 이를 바탕으로 사람이 만든 것과 유사한 새로운 결과물을 생성한다. 이는 단순히 데이터를 분석하고 분류하는 것에서 나아가 창의적이고 독창적인 결과물을 만들어 낼 수 있다는 점에서 기존의 AI 기술과 차별된다.

생성형 AI의 등장은 특정 분야뿐 아닌 다양한 분야에 적용 가능한 가능성을 제시하고 있다. 일반적인 분야에서의 적용에 있어 주목할 만한 분야는 고객 지원 서비스다. 챗봇이나 음성 지원 도구에 적용해 24시간 고객 응대를 통해 맞춤형 서비스를 제공할 수 있다. 이외에 교육, 콘텐츠 제작, 의료 분야 등 다양한 분야에의 적용이 가능하다.

이외에 공학 분야에도 폭넓은 적용이 가능하다. 코딩 지원과 디버깅에 강력한 도구로 소프트웨어 개발에 적용할 수 있고 CAD(Computer-Aided Design)와 같은 설계 도구와 통합해 설계 자동화 및 최적화를 통해 기계공학 및 제조업 관련 분야에 기여할 수 있다 , 회로 설계 및 문제 해결 지원 활용을 통해 전기전자공학 분야에 적용 가능하며, 건설 프로젝트 관리 소프트웨어와 연동해 프로젝트 일정 최적화와 위험 요소 예측을 통해 건설 및 토목공학 등의 분야에도 적용 가능하다. 일반 분야 및 인문사회과학 분야와 공학 분야 등을 가리지 않고 적용 가능하다.

생성형 AI의 도시·부동산 분야 적용과 기여

도시 AI, Urban AI로의 적용

도시계획 분야에 적용되는 생성형 AI는 '도시 AI(Urban AI)'라고 통칭한다. 광의의 도시 AI는 도시와 AI 기술이 혼합(hybridity)된 'AI 도시'를 구현하기 위한 모든 행위이며, 협의의 도시 AI는 도시에서 AI 기술 도입을 통해 도시 문제 해결과 지속 가능성 확보를 시도하는 행위(정책 · 사업 · 서비스)를 포괄한다(이세원 외, 2024).

도시 AI는 도시계획과 인공지능을 결합한 새로운 패

러다임으로, 인간 중심의 스마트시티를 설계하는 데 초점을 맞춘다. 도시계획은 사람들이 편리하고 쾌적하게 생활할 수 있는 환경을 설계하는 분야라고 할 수 있다. 하지만 인구 증가, 교통 혼잡, 환경 문제 등으로 인해 기존 방식으로는 한계에 부딪히는 경우가 많다. 이때 AI는 데이터 분석과 예측 기술을 활용해 문제 해결에 기여한다. 예를 들어 교통 혼잡은 많은 도시에서 큰 문제다. AI는 교통량 데이터를 분석해 최적의 신호 체계를 설계하거나, 특정 지역에서의 혼잡 시간을 예측해 대중교통 노선을 효율적으로 조정한다. 실제로 서울과 같은 대도시에서는 AI 기반 교통 관리 시스템이 이미 일부 도입되어 출퇴근 시간을 줄이는 데 활용되고 있다.

또한, 도시 AI는 도시 설계가 환경에 미치는 영향을 시뮬레이션하는 데도 사용된다. 이를 통해 개발 초기 단계에서부터 환경 보호를 고려한 설계를 할 수 있다. 예컨대, 새로운 공원 위치를 선정하거나 건물 배치를 결정할 때 AI가 태양광, 바람 방향 등을 분석해 에너지 효율적인 도시 설계를 제안할 수 있다.

더불어 시민 중심 접근이 가능하다. 도시 AI는 시민 의견을 반영하고, 맞춤형 서비스를 제공할 수 있다. AI와 IoT 기술을 활용해 주민들의 삶의 질을 향상시키는 맞춤형 서비스 제공을 통해 스마트 커뮤니티를 구축, 도시 생활의 질을 향상시킬 수 있다.

부동산 맞춤형 서비스 적용

부동산 시장은 복잡한 데이터를 바탕으로 움직인다. 집값, 임대료, 시장 동향 등을 분석하는 것은 일반인에게 어려운 일일 수 있다. AI는 이러한 데이터를 체계적으로 정리하고 분석해 소비자와 전문가 모두에게 유용한 정보를 제공한다.

AI는 지역별 거래 기록, 경제 지표, 인구 통계 데이터를 바탕으로 미래의 부동산 가격을 예측할 수 있다. 이를 통해 구매자는 합리적인 시점에 투자 결정을 내릴 수 있고, 판매자는 적절한 가격으로 자산을 처분할 수 있다.

온라인 부동산 플랫폼에서 AI는 사용자 선호도를 분석해 적합한 매물을 추천한다. 예를 들어, 사용자가 '2층 이상, 지하철 역세권, 학교 근처'와 같은 조건을 입력하면 AI는 수백, 수천 개의 매물을 분석해 최적의 선택지를 제공한다. 이는 시간과 비용을 절약할 뿐 아니라 사용자 경험을 크게 향상시킨다.

AI는 지역별 시장 동향을 시각적으로 보여주는 데에도 활용된다. 이를 통해 소비자는 특정 지역이 투자에 유리

한지, 향후 발전 가능성이 있는지를 쉽게 파악할 수 있다.

도시·부동산 분야에의 적용과 전망

AI는 도시계획과 부동산 분야에서 강력한 도구지만 인간의 역할을 완전히 대체할 수 있는 것은 아니다. AI가 제시하는 데이터와 분석 결과는 설계자나 전문가가 최종 결정을 내리는 데 도움을 줄 뿐이다. 인간의 창의성과 윤리적 판단이 여전히 중요한 이유다.

예를 들어, AI가 특정 지역에 상업 시설을 추가하면 경제적 효과가 크다고 분석하더라도, 그 지역 주민의 삶의 질을 고려한 최종 결정은 정책 결정자 또는 계획가(planner)에게 달려 있다. AI는 효율성과 정확성을 제공하지만 정책 결정자와 계획가는 공감과 사회적 책임을 갖는 다는 점에서 차이가 있다.

AI의 발전은 계속되고 있으며 앞으로 도시와 부동산 산업은 더욱 스마트하고 효율적으로 변화할 것이다. 도시 · 부동산 분야에 있어 현재도 추진되고 있거나 도입 가능한 추가적인 혁신을 기대할 수 있을 것으로 판단된다.

디지털 트윈(Digital Twin)의 적용과 추가적인 발전이 기대된다. 현실의 도시를 가상 세계에 그대로 재현해 다양한 시뮬레이션을 통해 최적의 설계 방안을 도출할 수 있다. 더불어 최근 발생 빈도가 늘고 있고 피해 정도가 심각해지고 있는 게릴라성 폭우와 같은 집중 호우 등의 자연재해를 미리 예측하고 예방할 수 있는 방법을 모색할 수 있다.

개별 부동산에 대한 다양한 예측과 유지 보수를 통한 효율성 증대다. AI가 각종 부동산으로서의 건물 상태를 실시간으로 모니터링하고, 필요한 유지 보수를 사전에 예측해 비용 절감뿐 아니라 효율적 관리를 가능하게 할 수 있다.

AI는 도시계획과 부동산 분야에서 단순히 기술적 도구를 넘어 사람들의 삶을 더 나은 방향으로 변화시키는 역할을 수행할 수 있을 것으로 기대된다. 이 기술이 어떻게 발전하느냐에 따라 우리의 도시와 주거 환경은 더욱 살기 좋은 모습으로 바뀔 것으로 기대된다. AI와 함께 미래를 설계하는 도전이 의미 있는 이유다.

참고문헌

국토연구원. https://www.krihs.re.kr/

서정렬(2024.04.08). [기고] '생성형 AI'와 도시·부동산 분야 관련성, ≪양산신문≫. https://www.yangsanilbo.com/news/articleView.html?idxn

o=107561

이세원·유재성·이기훈·정예진(2024). “도시 AI(Urban AI) 구현을 위한 정책적 시사점”, ≪국토정책 Brief≫ 949. 국토연구원.

최경아·이세원·김익회·유인재·이기훈(2023). 『국토 디지털 전환에 대응한 메타버스 구축 및 활용방안』, 국토연구원.

AI. Creators Lab. 생성형 AI의 기본 개념. https://maily.so/ai.lab/posts/x1zg96w3rqg

https://chatgpt.com/share/6778d7c7-0260-800e-a2d2-f61a07a7981e

https://chatgpt.com/share/677678e1-ca2c-800e-b87b-d6f2ccddcab0

02
AI의 도시 계획 분야 도입 사례

도시계획 분야와 관련된 생성형 AI는 '도시 AI(Urban AI)'로 통칭된다. AI의 도입과 발전에 따라 통칭하는 용어가 따로 있다는 것은 도시계획 분야에서 생성형 AI 도입과 활용이 활발히 이루어지고 있음을 의미한다. 생성형 AI의 기술이 도시계획 분야에 어디에, 어떻게 도입되고 있는지 적용 사례와 활용의 의미에 대해 살펴본다.

AI와 MBTI?

스마트시티로의 전환 가능성과 효과

AI는 다양한 산업 분야에서 혁신을 일으키고 있다. 특히 도시계획(Urban Planning) 분야에서는 AI가 도시의 효율성과 지속 가능성을 향상시키는 도구로 주목받고 있다. 왜냐하면 현대 사회는 급속한 도시화와 이에 따른 다양한 문제에 직면하고 있다. 인구 증가, 교통 혼잡, 환경 오염, 주택 부족 등 도시의 복합적인 문제는 전통적인 도시계획 방식으로 해결하기 어려워지고 있기 때문이다.

AI의 도입은 도시 문제를 분석하고 해결하는 데 있어 획기적인 가능성을 열어 주며 도시 계획의 전 과정에서 긍정적인 효과를 발휘할 수 있을 것으로 판단된다.

도시계획은 대규모 데이터에 기반해 이루어진다. 교통 흐름, 인구 밀도, 환경 데이터, 에너지 소비 패턴 등 다양한 데이터를 분석해 최적의 계획을 수립하는 것이 핵심이다. 그러나 인간이 수많은 데이터를 단기간에 분석하고 활용하기에는 한계가 있다. 이때 AI는 대규모 데이터를 신속하고 정확하게 처리함으로써 도시계획가들이 보다 과학적이고 근거 있는 결정을 내릴 수 있도록 돕는다.

예를 들어, 교통 체계의 효율성을 높이기 위해 AI를 활용하면 교통 혼잡 지역과 시간대를 정확히 분석할 수 있다. 이를 통해 교통 신호 체계를 최적화하거나 대중교통 노선을 재설계할 수 있다. 또한, AI는 장기적인 도시 인구 변화와 이에 따른 주택 수요를 예측해 주거지 개발 계획을 보다 체계적으로 수립할 수 있도록 지원한다.

AI는 다양한 시나리오를 기반으로 도시계획의 효과를 미리 예측하고 시뮬레이션할 수 있는 능력을 제공한다. 이는 계획 수립 초기 단계에서부터 최적의 대안을 선택할 수 있도록 돕는다. 예를 들어, 새로운 도로를 건설할 경우, AI는 이 도로가 교통 흐름과 환경에 미치는 영향을 사전에 시뮬레이션해 잠재적 문제를 미리 파악할 수 있다.

특히, 재난 대비 계획에서도 AI의 역할은 두드러진다. AI는 홍수, 게릴라성 폭우, 지진, 폭염, 미세 먼지 등 자연재해의 발생 가능성을 분석하고, 이에 따라 적합한 도시 인프라를 설계하는 데 기여할 수 있다. 이는 도시의 회복력(resilience)을 강화하고, 시민의 안전을 높이는 데 중요한 역할을 한다.

AI는 도시를 더욱 스마트하게 만드는 데 핵심적인 역할을 한다. 스마트시티는 IoT(사물인터넷)와 AI를 활용해 도시 인프라와 서비스를 최적화하는 것을 목표로 한다. 예를 들어, AI 기반 에너지 관리 시스템은 실시간 데이터를 바탕으로 에너지 소비를 조절해 도시 전체의 에너지 효율성을 높일 수 있다.

또한, AI는 공공 서비스의 품질을 향상시키는 데에도 기여한다. 예를 들어, 도시 내 범죄 발생 패턴을 분석해 경찰의 순찰 경로를 최적화하거나, 쓰레기 배출 데이터를 분석해 쓰레기 수거 시스템을 개선할 수 있다. 이는 시민의 삶의 질을 높이고 도시 운영 비용을 절감하는 데 기여한다.

지속 가능한 도시를 구현하기 위해서는 환경 친화적인 계획이 필수적이다. AI는 도시 내 온실가스 배출량을 분석하고, 이를 줄일 수 있는 방안을 제안하는 데 활용될 수 있다. 예를 들어, AI는 도시 내 녹지 공간의 최적 위치를 추천하거나 태양광 및 풍력 에너지 발전소의 적합한 설치 위치를 제안할 수 있다. 이를 통해 도시가 환경 친화적으로 발전하는 데 기여할 수 있다.

AI는 다양한 사회적 데이터를 분석해 도시계획이 더 포괄적이고 형평성 있게 이루어지도록 돕는다. 예를 들어, 사회적 약자의 접근성을 고려한 대중교통 노선 설계, 저소득층을 위한 주거 정책 개발 등에서 AI는 중요한 역할을 할 수 있다. 이는 도시 내 불평등을 줄이고 모든 시민이 혜택을 누릴 수 있는 도시를 만드는 데 기여한다.

도시계획 분야 AI 도입 해외 및 국내 사례

도시계획 분야에 이미 도입되고 있는 AI 활용 사례들이 국내외적으로 다양하게 시도 되고 있다. 이에 관련 해외와 국내 대표 사례들을 살펴보고자 한다.

싱가포르는 도시계획에 AI를 가장 적극적으로 활용하는 대표적인 국가 중 하나다. 싱가포르의 '스마트 네이션(Smart Nation)' 프로젝트는 AI와 IoT(사물인터넷)를 기반으로 교통, 주거, 환경 등을 개선하는 데 중점을 두고 있다. AI 기반 교통 관리 시스템은 실시간으로 교통 데이터를 분석해 신호를 조정하고, 정체를 최소화한다. 또한 AI를 활용해 새로운 개발 계획의 영향을 가상으로 시뮬레이션해 최적의 설계안을 도출한다. 더불어 센서 데이터를 통해 기반 시설의 문제를 사전에 탐지하고 수리 시기 등을 예측함으로써 유지 관리 비용을 절감한다.

스페인 바르셀로나는 '스마트 시티' 전략에서 AI를 적극적으로 활용하며 도시 서비스의 효율성을 높이고 있다. AI를 통해 에너지 소비 데이터를 분석하고, 태양광 발전과 같은 친환경 에너지 사용을 극대화한다. 또한, 도시 내 공공 공간의 이용 패턴을 분석해 최적의 공공시설 배치를 설계한다. 여기에 더해 AI 기반 시민 의견 분석 시스템을 통해 주민들의 의견을 실시간으로 반영한다.

미국 뉴욕은 '데이터 기반 도시 계획'을 적용하고 있다. AI와 빅데이터를 결합해 보다 스마트한 도시 계획을 실행 중이다. AI가 기후 데이터를 분석해 자연재해 발생 가능성을 예측하고 방재 계획 수립을 지원한다. 더불어 AI를 활용해 범죄 발생 데이터를 분석하고 경찰 배치를 최적화한다.

우리나라의 AI 도입 사례도 있다. 세종시는 스마트시티의 선두주자라고 할 수 있다. 세종시는 한국의 스마트시티 개발을 대표하는 도시로, AI를 활용한 다양한 도시 계획 사례를 보여 준다. 현재 부산시 강서구의 '에코델타시티'와 더불어 우리나라 스마트시티 실증 사례(test bed)이기도 하다. 세종시는 자율주행차 테스트 베드로, AI를 활용한 교통 인프라와 실시간 데이터 수집 체계를 구축하고 있다. AI가 공기 질, 소음, 온도 등의 환경 데이터를 분석해 친환경 도시 환경을 조성하는 데 기여한다.

부산은 에코델타시티 실증 사례와는 별도로 스마트 항만을 구축하고 있다. 부산은 항만 도시로서 AI를 통해 물류와 도시 관리를 최적화하고 있다. AI 기반 항만 물류 관리 시스템은 컨테이너 이동을 자동화하고 효율성을 극대화한다. 더불어 부산은 도시 데이터를 중앙에서 통합 관리하는 허브 시스템을 구축해, AI로 실시간 분석 및 의사 결정을 지원하고 있다. 엘코델타시티와 관련해서는 이미 사물인터넷 등이 반영된 '스마트빌리지'를 첫 분양한 바 있고 따라서 첫 번째 입주 단지이자 리빙랩(living lab)이기도 하다. 이곳에는 현재 56세대, 200명의 주민이 실제 거주하고 있다. 스마트빌리지 주민들의 생활 데이터는 통합 관리 대상으로 상세히 기록된다. 디지털 트윈 기술도 반영되어 침수 예상 순서와 지역 등을 시뮬레이션하고 이에 맞는 대응 계획을 수립한다. 스마트 미러도 체험 세대 내 체력 단련실에 설치되어 있어 입주민의 건강을 맞춤형으로 관리하고 있다. 스마트빌리지의 실증 데이터는 향후 스마트시티에 적용될 혁신 기술들을 사전에 검토하고 점검하는 기회를 제공하고 있다.

참고문헌

김홍준(2024.07.22). 부산 에코델타시티 스마트빌리지를 가다, 리빙랩에서 그리는 도시의 미래, ≪비즈니스 포스트≫. https://www.businesspost.co.kr/BP?command=article_view&num=359617

서정렬(2023.09.26). [촉석루] '도시 브랜드'·'도시 공공디자인' 이거 아나, ≪경남신문≫. https://www.knnews.co.kr/news/articleView.php?idxno=1414954

이세원·유재성·이기훈·정예진(2024). "도시 AI(Urban AI) 구현을 위한 정책적 시사점", ≪국토정책 Brief≫ 949, 국토연구원.
https://chatgpt.com/share/6776617b-55e4-800e-89eb-6e46cd56d162
https://chatgpt.com/share/67764496-7d98-800e-ab08-43aea148b166

03
AI의 부동산 관련 분야 도입 사례

AI의 부동산 관련 분야에의 도입은 ICT로 대변되는 '4차 산업혁명'이 언급되면서부터라고 할 수 있다. 그렇지만 부동산 산업 전반에의 비즈니스 모델로서의 도입 시점은 2018년 전후부터다. 생성형 AI의 부동산 분야에의 도입 사례를 부동산 관련 스타트업 기업들이 많이 포함되어 있는 '프롭테크'를 통해 살펴본다.

AI와 난임 극복?

AI와 부동산 산업

'부동산 산업'은 '부동산을 매개로 재화나 서비스를 창출하는 산업'이며 '부동산업'은 토지 · 건물 등 부동산을 상품으로 취급하는 직업을 말한다.

AI의 부동산 관련 분야에의 도입은 따라서 '부동산업'과 직접 연관되며 '부동산 산업' 전반에도 영향을 미친다고 할 수 있다. 한국표준산업분류에 따르면 '부동산업(Real estate activities)'은 표준산업분류 번호 '68'로 '직접 건설, 개발하거나 구입한 각종 부동산(묘지 제외)을 임대, 분양 등으로 운영하는 산업 활동, 수수료 또는 계약에 의해 타인의 부동산 시설을 유지 관리하는 산업 활동, 부동산 구매와 판매 과정에서 중개, 대리, 자문, 감정평가 업무 등을 수행하는 산업 활동을 말한다.

부동산은 '토지 위에 부착된 정착물'이다(서정렬, 2016). 그런데 최근에는 단순히 토지 위에 부착된 정착물(건물)로서의 자산 가치라는 경제적 가치뿐 아니라 그 건물(부동산) 안을 채우고 있는 것이 '무엇'인지가 중요하며 채우고 있는 '콘텐츠(contents)'에 따라서 그 건물의 가치가 달라질 수 있다. 차별화된 '콘텐츠'로 구성된 건물을 '공간'으로 부르는 이유다(서정렬, 2019).

따라서 생성형 AI의 부동산 분야에의 도입 사례는 부

동산 분야를 업역으로 하는 부동산 산업 전반을 통해 확인할 수 있다. AI 적용을 통해 일단의 서비스를 제공하고 이에 따른 일정한 수수료를 얻는 경제 활동이나 AI가 적용된 관련 파생 상품을 비즈니스 모델로 갖고 있는 관련 회사 등을 사례로 설명할 수 있다.

AI와 프롭테크와의 접목

생성형 AI의 부동산 분야에의 도입은 프롭테크 분야와 연관되며 프롭테크 관련 업체들이 생성형 AI를 빠르게 접목시켜 업체들 나름대로의 특색 있는 비즈니스 모델을 만들고 있다고 볼 수 있다.

프롭테크(Proptech)란 '부동산(자산)'을 의미하는 영어 단어인 'Property'와 '기술'을 의미하는 영어 단어인 'Technology'의 합성어다. 부동산 산업에서 디지털 기술 또는 플랫폼 경제를 접목시킨 비즈니스 모델을 통칭한다. 한글 표기는 '프롭테크'이나 영어 표기는 'proptech'나 'prop-tech' 등이 사용된다.

AI와 한국프롭테크포럼(KPF)

프롭테크 관련 업체들이 모여 만든 '한국프롭테크포럼(KPF, Korea Proptech Forum)'이 있다. 국내 프롭테크 생태계를 조성하고 공간의 미래를 모색하기 위해 부동산 기업과 기술 스타트업이 모인 단체인 한국프롭테크포럼은 프롭테크 산업의 성장과 발전을 통해 부동산 시장의 새로운 미래를 만들고자 관련 업체들이 모인 단체로 단체 홈페이지에 따르면 2018년 11월, 26개사로 출범해 현재 부동산 · IT/Tech/스타트업 · 금융 · 학계 등 다양한 분야에서 활동하는 330개 회원사가 속해 있는 것으로 확인된다.

한국프롭테크포럼은 홈페이지 메인 화면을 통해 '부동산과 기술이 만나 공간의 미래를 만듭니다'라는 슬로건을 제시하고 있다. '토지 위에 부착된 정착물'이라고 정의되는 부동산과 IT 등 4차 산업의 기술의 결합을 통해 새로운 공간, 공간의 미래를 만든다는 의미를 표현한 것으로 이해된다.

한국프롭테크포럼은 컨버전스(Convergence, 융합)를 위해 프롭테크 스타트업 발굴, 부동산 융합 모델 연구, 프롭테크 생태계 지원을 그리고 네트워킹(Networking)을 위한 글로벌 교류 협력, 유관 기관의 협업 학계 및 연구계와 공동 연구, 미래(Future)를 위한 프롭테크 지식 역량 강화, 교육 및 미래 인재 발굴, 프롭테크 모델 연구 등을 비전으로 삼고 있다.

한국프롭테크포럼 회원사 가운데 주요 프롭테크 스타트업 관련 130개사(2020년 10월 기준)를 대상으로 할 경우 약 10가지 정도의 프롭테크 카테고리로 구분된다.

카테고리별 회원사 숫자와 비율을 살펴보면, 가장 많은 34개사(26.2%)가 속해 있는 공유 서비스(Share Service) 카테고리로 우주, 동거동락, 스페이스 클라우드, 다락, 모두의주차장 등의 회사들이 있다.

그 다음으로는 32개사(24.6%)가 속한 부동산 마케팅 플랫폼(Property Marketing Platform) 카테고리로 부동산114, 직방, 야놀자, 알스퀘어 등이 있다.

그 다음으로는 각각 15개사(11.5%)가 속해 있는 자산관리(Property Management Solution), 건설 솔루션(Construction Solution), 데이터 & 평가(Data & Valuation) 카테고리다. 공생공사, KT, 오늘의집, 글로우, SK텔레콤, 밸류맵 등이 기업들이 해당된다. 이외 데코 & 인테리어 6개사(4.6%), IoT/스마트 홈 5개사(3.8%), 펀딩/P2P 4개사(3.1%), 블록체인 3개사(2.3%), 컨설팅 등 1개사(0.8%) 등이 있다.

프롭테크 플랫폼과 AI 토지·건축 분석

생성형 AI를 활용하는 프롭테크 업체 가운데 AI를 비즈니스 모델에 명시적으로 넣어 회사 홈페이지 등을 통해 밝히고 있는 몇몇 업체들이 있으며 이들 업체들은 현재 토지와 건축 솔루션으로 AI를 활용하고 있다.

쉽게 설명하면 건축이 가능한 토지 지번을 검색하면 해당 토지가 속해 있는 지자체의 현행 건축법이나 관련 조례 등을 토대로 실제로 건축 가능한 3D 형태로 시뮬레이션을 해 주는 식이다. 더불어 시뮬레이션 결과에 대한 수익률 등 사업성 분석 결과를 제시해 준다. 수익률 등을 통한 사업성 분석은 관련 회사에서 파악해 데이터로 수치화해 놓은 기존 거래 사례 등의 자료에 근거한다. 따라서 실제 시장에서 거래되고 있는 가격을 기반으로 솔루션을 제공한다는 점에서 이용자 입장에서는 특정 토지에 대한 직관적인 판단이 가능하다고 할 수 있다.

특히 이들 업체들은 기존 프롭테크 업체 들이 아파트 시세 데이터를 기반으로 시세 변화와 관련 매물 확인 등 아파트 시장을 대상으로 하고 있는 반면 토지와 상가, 건물 등 비아파트 분야를 기반으로 상이한 솔루션을 제공하고 있다는 점에서 차별화 된다고 할 수 있다.

최근에는 관련 회사들이 보다 다양한 솔루션을 제공하고 있다. 예를 들면 홈페이지에 'AI 건축설계' 카테고리를 만들어 상업 지역과 주거 지역 등 용도 지역에 따라 실시간으로 10개의 설계안을 도면부터 CAD파일까지 한 번에 제시하기도 한다. 이 설계 과정에서 바로 AI가 활용된다. 또 다른 회사의 경우 토지 분석부터 실사 이미지를 클릭 한 번으로 역시 'AI 건축 분석' 카테고리를 통해 솔루션을 제시하고 있다. 향후 소비자의 요구에 부합하는 보다 다양하고 디테일한 솔루션이 추가될 것으로 예상된다.

참고문헌

박진우(2024.09.25). 집코노미. 집값 전망 데이터·리츠 플랫폼…부동산 신기술 모두 모였다, ≪한국경제≫. https://www.hankyung.com/article/2024092574611

부동산 개발업의 관리 및 육성에 관한 법률(약칭 부동산 개발업법). https://www.law.go.kr/lsInfoP.do?lsiSeq=250219&efYd=20231019#0000

서정렬(2016). 『부동산 인간, 호모 프라이디오룸』, 커뮤니케이션북스.

서정렬(2016.11.22). 네이버 지식백과. 부동산 인간, 호모프라이디오룸. https://terms.naver.com/entry.naver?docId=3588297&cid=42251&categoryId=58706

서정렬(2019). 『부동산 개발, 디벨로퍼』, 커뮤니케이션북스.

랜드북. https://www.landbook.net/

밸류맵. https://www.valueupmap.com/

한국표준산업분류(해설서).

https://kssc.kostat.go.kr:8443/ksscNew_web/kssc/common/ClassificationContent.do?gubun=1&categoryMenu=007&addGubun=no&strCategoryNameCode=001
한국프롭테크포럼(KOREA PROPTECH FORUM). https://proptech.or.kr/

https://kssc.kostat.go.kr:8443/ksscNew_web/kssc/common/ClassificationContent.do?gubun=1&categoryMenu=007&addGubun=no&strCategoryNameCode=001
한국프롭테크포럼(KOREA PROPTECH FORUM). https://proptech.or.kr/

04

AI와 스마트시티

스마트시티란 정보통신기술(ICT)과 데이터를 활용해 도시의 자원을 효율적으로 관리하고, 시민의 삶의 질을 높이며 지속 가능한 성장을 도모하는 도시를 의미한다. 기존의 물리적 인프라와 디지털 기술을 융합해 도시의 교통, 에너지, 환경, 안전, 복지 등 다양한 영역에서 문제를 해결하고 효율성을 극대화한다. 탄소중립 도시 역시 스마트시티에 부합한다.

AI와 사주?

스마트시티를 통한 미래 도시 혁신

AI와 접목된 스마트시티는 단순히 기술 도입을 넘어, 도시의 지속 가능성과 시민의 삶의 질을 향상시키는 데 목적을 둔다. 자원을 효율적으로 관리하고, 친환경적인 도시를 조성하며, 시민 참여를 강화해 모두가 함께 만들어 가는 미래 도시의 모델을 제시한다. 이는 도시 문제 해결뿐 아니라 새로운 경제적 기회를 창출하고 도시 간 경쟁력을 강화하는 데도 크게 기여할 것이다.

스마트시티는 더 이상 미래의 개념이 아니라 현재 우리가 만들어가는 현실이다. AI 기술이 발전할수록 스마트시티는 더욱 지능화되고 인간 중심적인 방향으로 나아갈 것이며 이는 우리 사회에 큰 변화를 가져올 것이다.

AI는 스마트시티의 핵심 기술로 자리 잡으며, 도시를 더욱 효율적이고 지능적으로 운영할 수 있게 한다. AI가 스마트시티에 접목되면서 달성할 수 있는 주요 혁신들은 '예측을 통한 최적화', '에너지 관리', '안전 및 보안', '맞춤형 시민 서비스' 등을 들 수 있다.

AI는 빅데이터를 분석해 도시 문제를 사전에 예측하고 최적화된 해결책을 제공한다. 예를 들어, 교통 체증 문제를 해결하기 위해 AI 기반의 신호등 시스템을 도입하면 실시간 교통 데이터를 분석해 신호를 조정, 교통 흐름을 원활히 유지할 수 있다.

AI는 에너지 소비 데이터를 분석해 최적의 에너지 분배를 가능하게 한다. 스마트 그리드 시스템은 전력 사용 패턴을 학습해 에너지 효율을 극대화하며, 재생 가능 에너지의 사용 비율을 높인다.

스마트시티에서 AI는 범죄를 예방하고, 재난 상황에서 신속히 대응할 수 있도록 한다. 예를 들어, AI 기반의 CCTV는 이상 행동을 감지해 사고를 예방하고 자연재해 발생 시 긴급 대응 계획을 실시간으로 업데이트한다.

AI는 시민 데이터를 분석해 개인화된 서비스를 제공한다. 예컨대, 의료 데이터 분석을 통해 시민의 건강 상태를 예측하고 공공 서비스를 최적화해 불필요한 비용을 절감할 수 있다.

이렇듯 스마트시티는 AI를 통해 기존 도시와는 차별화되는 연결성, 데이터 분석, 시민 참여 등의 핵심 요소들을 통해 보다 향상된 도시 정책을 추진할 수 있도록 지원한다. IoT(사물인터넷)와 센서를 활용해 도시 곳곳에서 데이터를 수집하고 공유하고, 빅데이터와 클라우드 컴퓨팅을 통해 도시 문제를 분석 · 예측한다. 또한 시민들이 도시 관리와 의사 결정 과정에 적극적으로 참여할 수 있다는 점에서 AI 기술은 도시 발전을 위한 변화와 속도에 긍정적인 영향을 제공한다고 할 수 있다.

세계 각국은 지금까지의 스마트시티(Smart City)논의를 넘어서는 새로운 AI 시티(Artificial Intelligence City)에 대한 연구를 활발하게 추진하고 있다. 여기서 AI 시티란 한마디로 스마트시티와 AI 기술의 융합을 통한 도시의 지능적 관리와 지속 가능한 발전을 실현한 미래의 새로운 도시 모델이라 할 수 있을 것이다(이희정, 2024). 그런 이유로 'IT(Information Technology)'로 대변되는 정보통신 인터넷 기술 발달로 앞선 시대에 언급되었던 '유비쿼터스 도시(Ubiquitous-city)' 이후의 발전적 도시 형태가 '스마트시티'이고 지금 언급되는 AI에 의한 진정한 스마트시티로서의 'AI시티'는 '포스트 스마트시티'로 보는 게 타당할 것으로 판단된다.

현재 사우디아라비아에서 '2030년 엑스포(Expo)'에 맞춰 추진하고 있는 선형도시 더 라인(The Line), 해양 부유식 첨단산업단지 옥사곤(Oxagon), 산악관광단지 트로제나(Trojena) 등 3개 프로젝트로 구성된 '네옴시티(NEOM City)'나 엠파이어스테이트 빌딩 20개를 합친 크기의 큐브 모양으로 만들어지고 있는 세계 최대 건축물이 될 '무카브(Mukaab)', 무카브를 랜드마크로 만들어지고 있는 미래형 신도시 '뉴무라바(New Murabba)' 등은 탄소 중립 도시를 표방하지만 의미로는 '스마트시티'를 넘어 궁극적으로는 'AI 시티'를 지향한다고 할 수 있다.

'탄소 중립 도시'와 '스마트빌딩'

인공지능과 같은 지능 정보 기술이 활용되는 대표적인 도시 모델이 바로 스마트시티이며, 탄소 중립 도시 또한 스마트시티가 추구하는 기후 변화라는 도시 문제 해결을 통한 친환경적이고 지속 가능한 도시 건설에 부합한다(정승현, 2024).

탄소 중립은 배출되는 탄소량과 제거되거나 흡수되는 탄소량이 같아지는 상태를 말한다. 그리고 이러한 개념이 적용된 도시를 '탄소 중립 도시'라고 칭한다. 여기에 AI 기술이 에너지 사용을 최적화하고 교통이나 도시 시설의 효율적 운영을 지원해 총체적으로 에너지 관리를 지원할 수 있다는 측면에서 스마트시티 자체가 탄소 중립을 추구하는 도시라고 할 수 있다. 바꿔 말하면 탄소 중립을 실현하는 것 자체가 스마트시티의 목표 가운데 하나일 수 있다.

스마트시티가 탄소 중립을 추구한다는 점에서 탄소 중립에 기여하는 스마트 건축물로서 스마트빌딩이 설계 · 건축되는 것은 당연한 수순이라고 할 수 있다.

스마트빌딩은 건축, 통신, 사무 자동화, 빌딩 자동화의 네 가지 시스템을 유기적으로 통합해 첨단 서비스를 제공함으로써 경제성, 효율성, 쾌적성, 기능성, 신뢰성, 안전성을 추구하는 건물을 말한다(정승현, 2024).

스마트빌딩의 핵심은 BEMS(건물 에너지 관리 시스템, building energy management system)이다. BEMS는 건물 부문에 건설, 정보통신, 에너지 기술을 융합한 것으로, 건물 내 에너지 사용 기기에 센서 및 계측 장비를 설치하고 이를 통신망으로 연결해 종합적으로 관리하는 시스템을 말한다.

스마트빌딩으로 건축되거나 개발된 해외 프로젝트 사례로는 미국 캘리포니아 쿠퍼티노에 있는 작고한 스티브 잡스가 계획한 '애플 파크(Apple Park)'가 대표적이다.

국내 사례로는 세계 최초의 로봇 친화 스마트빌딩인 네이버 제2사옥 '네이버 1784'가 국내 최초의 에너지 제로 빌딩이면서 동시에 BEMS(건물 에너지 관리 시스템) 자동제어 기술이 융합된 인텔리전트 빌딩이라고 할 수 있다. 이 건물은 스마트빌딩 최초로 2024년 대한민국 안전대상(대통령상, 2024.11.05)을 수상하기도 했고 한국안전인증원으로부터 '공간안전인증'(2024.12.20)을 획득하기도 했다. 2025년 들어서는 한국EMS협회가 우리나라에서 개발된 '한국형 스마트 건물에너지관리시스템(S-BEMS)'을 베트남 하이퐁시에 건설되는 스마트시티 프로젝트에 반영 및 진출시키기 위한 관련 협력 방안이 추진되고 있어 스마트빌딩과 관련된 우리나라의 기술력이 상당히 높은 수준이라는 것을 알 수 있다.

흥미로운 것은 이들 스마트빌딩은 비용이 다른 건물에 비해 많이 투입되었다고 하더라도 부동산 측면에서 자산 가치가 오랜 기간 유지될 수 있고, 건물 시설 운영 차원에서 유지 관리가 용이해 PM(자산 관리, property management)과 FM(시설 관리, facility management) 모두 용이하다는 장점이 있다.

따라서 일정 지역이나 단지가 스마트시티 형태의 신도시로 건설되거나 개발되는 것과는 상관없이 개별 건물로 신축 또는 기존 건물이 스마트빌딩으로 리모델링 될 수도 있다는 점에서 AI 기술이 접목된 스마트빌딩은 국내외적으로도 향후 지속적으로 증가할 수밖에 없을 것으로 보인다.

참고문헌

강수진(2015.01.02). 한국형 S-BEMS, 베트남 하이퐁 스마트시티 첫 진출, ≪전기신문≫.

https://www.electimes.com/news/articleView.html?idxno=348680
서정렬(2016). 『도시 공공 디자인』, 커뮤니케이션북스.
서정렬(2024.05). "액체처럼 유연한 도시, 리퀴드폴리탄으로 거듭나는 고양", ≪고양소식≫, 고양시.
이희정(2024). 『도시의 미래와 AI』, 커뮤니케이션북스.
이진영(2024.10.20). 빈살만의 야심작, '무카브' 건설 준비 한창…세계 최대 건축물 전망, ≪이투데이≫. https://www.etoday.co.kr/news/view/2411134
https://chatgpt.com/share/677671fc-da74-800e-8ca2-eceb7d14dc6b
https://chatgpt.com/share/67753027-8620-800e-8de5-3dbbc57de1c9

05
도시 설계 및 도시 공공 디자인과 AI

도시는 많은 사람들의 '삶'이 얽히고설킨 거대한 네트워크다. 이러한 네트워크를 어떻게 설계하고 디자인하느냐에 따라 도시민의 삶의 질, 지속 가능성, 그리고 환경과의 조화가 결정된다. 최근 도시계획과 공공디자인 분야에서 인공지능이 가져온 변화는 혁신적이다. 데이터 분석과 예측, 시뮬레이션에 기반한 AI 기술은 도시 문제 해결의 새로운 해법을 제시하며 효율적이고 창의적인 설계의 길을 열고 있다.

AI와 아이돌?

움직이는 '데이터 기반 도시'

AI 기술이 적용된 스마트시티 개념이 있기 이전의 도시계획과 이후의 도시계획은 확연히 다르다. AI 기술이 도입된 이후의 도시계획(Urban Planning) 또는 도시 설계(Urban Design)의 핵심은 데이터를 얼마나 효율적으로 수집하고 활용하느냐에 있다. AI는 방대한 데이터를 분석해 도시의 복잡한 문제를 사전에 예측하고 대응 방안을 마련하기 때문이다.

교통 분야를 예로 들면, AI는 교통 혼잡 데이터를 실시간으로 처리해 신호 체계를 최적화한다. 런던에서는 구글(Google)의 딥마인드(DeepMind)가 AI 알고리즘으로 교차로의 신호를 조정해 교통 체증을 줄이고 있다. 환경 관리에서도 AI는 공기질, 소음, 온도 등의 데이터를 모니터링해 지속 가능한 도시 환경을 지원한다.

AI는 또한 도시민의 행동 데이터를 기반으로 맞춤형 설계를 가능하게 한다. 사람이 가장 많이 모이는 장소와 이동 경로를 분석해 공공 공간을 최적화하는 것이다. 이러한 데이터는 장애인과 고령자 등 사회적 약자를 포용하는 디자인에도 활용될 수 있다. 더 이상 '모두를 위한 평균적인 디자인'이 아닌 '개개인을 위한 맞춤형 설계'가 가능해진 것이다.

디지털 트윈과 공공디자인의 미래

도시의 디지털 트윈(Digital Twin) 기술은 설계의 모든 과정을 혁신적으로 바꾸고 있다. 디지털 트윈은 실제 환경을 디지털 공간에 그대로 재현하는 기술로, AI는 이를 기반으로 설계 변경이 도시 환경에 미치는 영향을 시뮬레이션한다.

예를 들어, 새로운 교차로가 만들어졌을 때의 교통 흐름 변화나 특정 건물의 위치가 주는 환경적 영향을 미리 확인할 수 있다. 이는 설계 단계에서의 실수를 줄이고 최적의 결과물을 도출하게 한다.

AI는 비용 절감에도 기여한다. 과거에는 도시 설계를 위해 막대한 예산과 시간이 필요했으나 AI 기반 설계 도구는 이러한 과정을 자동화해 시간을 단축하고 비용을 절감한다. 또한 AI는 에너지 소비와 자원 관리를 최적화해 도시의 지속 가능성을 높인다. 스마트 쓰레기 수거 시스템이 그 예다. 실시간 데이터를 분석해 쓰레기 수거 경로를 최적화하고 에너지를 절약하며 환경에 미치는 영향을 최소화한다.

AI 기술이 어떻게 도시를 변화시키고 있는지 가장 잘 보여 주는 사례는 싱가포르의 '스마트 네이션(Smart Nation)' 프로젝트다. 싱가포르는 AI와 IoT를 활용해 교통 체증을 줄이고 공공시설의 효율성을 극대화했다. 실시간 교통 데이터를 분석해 최적의 신호 체계를 제안하고, 공공 데이터 허브를 통해 다양한 도시 문제를 해결하고 있다. 싱가포르는 이를 위해 공공 인프라와 도시의 건축 정보를 데이터로 수치화하는 디지털 트윈(Digital Twin) 가상 플랫폼인 '버추얼 싱가포르(Virtual Singapore)' 프로젝트를 마무리 한 바 있다

바르셀로나는 스마트 가로등과 공공 공간 관리로 주목받고 있다. AI를 통해 조명을 자동 조정함으로써 에너지를 절약하고, 시민의 안전을 강화했다. 또한, 공원 및 공공시설의 이용 패턴을 분석해 시민의 만족도를 높이는 디자인을 실현했다.

뉴욕시는 공공 데이터를 시각화해 시민들이 실시간으로 교통과 환경 정보를 활용할 수 있도록 했다. 이러한 사례들은 AI가 도시를 더 살기 좋고 효율적인 공간으로 변화시키는 가능성을 증명한다.

AI 도입과 '택티컬 어바니즘'

21세기 도시 설계와 운영의 중심에는 점점 더 많은 기술이 자리 잡고 있다. 그 중에서도 인공지능(AI)의 도입은 도시 공간과 사회적 활동을 재구성하는 데 핵심적인 역

할을 하고 있다. 이러한 기술 혁신은 특히 '단기적이고 실험적인 도시 공간 개선 전략'이라고 설명되는 '택티컬 어바니즘(Tactical Urbanism)'에 새로운 효과를 불러일으키며, 현대 도시의 문제를 해결하고 미래를 준비하는 데 중요한 도구로 떠오르고 있다.

택티컬 어바니즘은 저비용, 단기 프로젝트를 통해 도시 공간의 효율성을 높이고 커뮤니티의 참여를 증진시키는 접근법이다. 이는 주차 공간을 공원으로 전환하는 '파킹 데이[Park(ing) Day]'와 같은 실험적 프로젝트에서부터, 보다 확장된 자전거 도로 설치 및 보행자 중심 거리 설계까지 다양한 형태로 나타난다.

그러나 이러한 접근법은 데이터 부족, 효과 예측의 어려움과 지속 가능성 측면에서 몇 가지 한계를 갖고 있기도 하다. 시민들의 이동 패턴이나 특정 공간의 사용성을 분석하기 위한 데이터가 제한적이다. 또한, 프로젝트의 결과를 사전에 명확히 예측하기 어렵고, 때로는 초기 설계 의도와 다른 방향으로 발전할 수 있다. 더불어 단기 프로젝트를 장기적으로 확장하는 과정에서 예산과 정책적 제약이 발생한다.

AI는 이러한 한계를 극복할 잠재력을 제공하며, 택티컬 어바니즘의 실행과 결과를 보다 효과적으로 관리할 수 있게 한다. AI는 도시에서 생성되는 방대한 양의 데이터를 실시간으로 분석하고, 이를 기반으로 도시 설계와 관련된 의사 결정을 지원할 수 있다. 예를 들어, 교통 흐름, 보행자 이동 패턴, 그리고 대기 질 데이터를 결합해 특정 지역의 교통량 감소나 공공 공간 사용 증가를 예측할 수 있다. 특히, 이러한 데이터는 택티컬 어바니즘 프로젝트의 초기 설계 단계에서 매우 유용하다. 시민들이 특정 공간을 어떻게 사용하는지에 대한 심층 분석은 프로젝트의 효과를 극대화할 수 있는 기반을 제공한다.

AI 기반의 IoT 센서는 택티컬 어바니즘 프로젝트의 실시간 상태를 모니터링하고, 변화하는 환경에 따라 즉각적인 피드백을 제공할 수 있다. 예를 들어, 공공 자전거 도로의 이용률이 특정 시간대에 급증한다면, AI는 이를 분석해 추가 자전거 대여소 설치나 교통 신호 조정과 같은 대응책을 제안할 수 있다.

이러한 적응성은 단기적인 도시 프로젝트를 보다 효율적이고 사용자 중심적인 방식으로 발전시키는 데 기여한다.

AI는 가상 시뮬레이션을 통해 다양한 시나리오를 실험할 수 있다. 예를 들어, 특정 도로를 보행자 전용 구역으로 전환했을 때의 교통 흐름 변화나 인근 상권의 경제적 효과를 미리 예측할 수 있다. 이러한 시뮬레이션은 정책 결정자와 시민 모두에게 결과를 시각적으로 전달하며, 프로젝트의 사회적 수용성을 높이는 데 도움을 준다.

AI 기술은 시민 참여를 혁신적으로 변화시킬 수 있다. 예를 들어, 시민들은 모바일 애플리케이션을 통해 도시 공간에 대한 의견을 즉시 제출하고, AI는 이를 분석해 프로젝트 우선순위를 조정하거나 새로운 아이디어를 제안할 수 있다. 이 과정은 시민들이 도시 설계에 더 적극적으로 참여하게 하고, 택티컬 어바니즘 프로젝트의 성공 가능성을 높인다.

AI와 택티컬 어바니즘의 결합은 도시 공간에서의 공공성을 촉진하고, 지속 가능한 도시 발전을 위한 새로운 모델을 제시할 수 있다. 예를 들어, AI는 환경 데이터를 활용해 에너지 효율적인 공공 공간 설계를 지원하고, 교통 혼잡을 줄이며, 사회적 소외 계층이 보다 쉽게 접근할 수 있는 공공 서비스를 확장할 수 있다.

또한, AI는 단순히 도시 설계 도구로 작동하는 것을 넘어, 도시 생태계를 하나로 연결하는 허브 역할을 할 가능성이 크다. 예를 들어, 택티컬 어바니즘 프로젝트에서 AI는 시민, 정부, 민간 기업 간의 협력을 증진시킬 수 있는 플랫폼을 제공하며 보다 통합적이고 협력적인 도시 환경을 조성할 수 있다.

참고문헌

서정렬(2016). 『도시 공공 디자인』, 커뮤니케이션북스.

서정렬(2023.09.26). [촉석루] '도시 브랜드'·'도시 공공디자인' 이거 아냐. ≪경남신문≫.
https://www.knnews.co.kr/news/articleView.php?idxno=1414954

정윤남(2022.06.21). [시민의 권리 존중받는 스마트시티] 디지털 불평등 해소돼야 '스마트시티'로 거듭날 수 있어, ≪광주일보≫.
http://www.kwangju.co.kr/article.php?aid=1655812800740162332

https://chatgpt.com/share/67752617-c0c0-800e-8c70-95223ec90789

https://chatgpt.com/share/6775287f-12c0-800e-a7c9-9052f02c7bd7

06

AI 발전과 도시 계획 분야 전망

AI의 비약적 발전은 여러 산업에 걸쳐 근본적인 변화를 일으키고 있다. 특히 스마트 시티 개념과 함께 도시계획 분야는 AI 기술의 도입으로 전례 없는 혁신을 경험하고 있다. AI가 도시계획 분야에 미친 영향을 분석하고, 미래의 발전 전망을 조망함으로써 도시계획이 AI와 어떻게 조화를 이루며 발전할 수 있을지 살펴보고자 한다.

AI와 야구?

AI 분야의 발전 추세와 방향

인공지능은 지난 몇 년 동안 급격한 기술적 진보를 이루며 다양한 산업과 사회 전반에 걸쳐 중요한 혁신 동력으로 자리 잡자왔다. AI의 발전은 기술의 한계를 넘어 인간의 삶의 방식을 근본적으로 변화시키고 있으며, 앞으로도 지속적으로 진화할 것이다.

최근 생성 AI 기술, 특히 대규모 언어 모델(LLM)과 생성적 적대 신경망(GAN)의 발전은 이미지, 텍스트, 음악 등 다양한 콘텐츠 생성에 획기적인 가능성을 열었다. 이 기술은 콘텐츠 제작, 교육, 마케팅 등 창의적 산업을 혁신하고 있을 뿐 아니라 도시에서의 생활, 개인화된 삶의 패턴으로서의 '사용자 경험' 등을 제공하는 도구로 자리 잡고 있다. 향후 이러한 생성 AI는 더 정교하고 창의적인 방식으로 인간과 협력하며 새로운 가치를 창출할 것으로 보인다.

AI의 초점은 텍스트, 이미지와 같은 단일 데이터 형태에서 벗어나 텍스트, 음성, 비디오, 센서 데이터 등을 통합적으로 처리하는 멀티 모달 AI로 확장되고 있다. 이를 통해 보다 인간과 유사한 직관적 의사소통이 가능하며, 이러한 기술 발전은 자율주행, 의료, 스마트 기기 등 다양한 응용 분야에서 혁신적인 변화를 이끌 것으로 기대된다.

AI 시스템의 개발과 운영은 막대한 에너지와 자원을 필요로 한다. 이에 따라 친환경적이고 지속 가능한 AI 개발이 중요한 과제로 떠오르고 있다. 경량화된 모델, 효율적인 학습 알고리즘, 재생 에너지를 활용한 데이터 센터 등이 이러한 문제를 해결하기 위한 핵심 방향으로 제시되고 있다.

AI 기술은 점차 더 많은 사람과 조직이 접근할 수 있도록 개방되고 있다. 오픈소스 프로젝트와 클라우드 기반 AI 서비스는 중소기업, 연구자, 일반 사용자에게도 AI를 활용할 기회를 제공한다. 이는 AI 생태계를 더욱 풍부하게 하고, 기술 혁신의 속도를 가속화할 것으로 보인다.

AI의 발전과 도시계획 분야의 변화와 전망

AI의 기술 발전은 도시계획 분야에의 변화와 함께 도전 과제를 동시에 제시한다고 할 수 있다. 먼저 도시계획 분야에의 변화 전망은 기존 도시의 문제점을 보완하되 전혀 다른 도시를 만드는 데 초점이 맞춰질 것으로 보인다.

AI 활용을 통한 도시 및 지역 개발의 변화

AI 도입에 따라 도시계획 분야에서는 데이터 기반 의사 결정이 가능해졌다. 전통적인 도시계획은 제한된 데이터를 기반으로 진행되었으나, AI는 방대한 양의 데이터를 수집하고 분석해 보다 정밀한 계획 수립을 지원할 것으로 예상된다.

예를 들어, 교통 흐름 데이터를 실시간으로 분석해 최적의 교통 신호 체계를 설계할 수 있다. 이는 도시 내 이동 효율성을 높이고 교통 혼잡 문제를 완화하는 데 기여한다. 이에 따라 기존 도시계획의 문제점에 대한 반성으로 1990년 중반에 미국 도시계획가 및 건축가들에 의해 제시된 뉴어바니즘(New Urbanism)이라는 도시계획의 새로운 사조에 따라 이전과는 다른 패러다임으로 제안되고 시도되었던 '대중교통 중심 개발'로서의 TOD(Transit Oriented Development)와 주로 역세권 등 상업 지역 등에 2개 이상의 용도를 복합시켜 개발하는 '복합 개발'로서의 MXD(Mixed Use Development) 개념 등이 AI의 활용으로 수집되는 각종 데이터에 대한 합리적 판단으로 올바른 방향으로서의 도시 재구조화를 촉진할 것으로 보인다. 이것은 인구 감소에 따른 지방 소멸 가능성이 높아짐에 따라 우리나라 지방 도시의 출구 전략으로 제안되고 있는 압축도시(Compact City) 조성이나 인구 감소와 지방 소멸을 먼저 경험한 일본이 제안하고 있는 '입지 적정화' 등을 효과적으로 촉진하기 위한 집약형 도시 구조로의 변화를 꾀함에 있어 강력한 수단으로 작용할 수 있을 것으로 판단된다. 이러한 기여는 프랑스 파리 '안 이달고(Anne Hidalgo)' 시장에 의해 정책적으로 추진되고 있는 '15분 도시'가 각광 받으면서 세계 여러 도시들에 영향을 미쳤고 각국은 개별 도시 여건에 따라 소위 'N분 도시'라는 형태로 벤치마킹 되고 있다. 결국 콤팩트도시나 입지 적정화 계획, N분 도시 모두 어느 지역, 어느 생활권을 중심으로 도시 공간을 '재구조화' 할 것인가와 연관된다는 점에서 기존 도시조사 기법보다 다양한 데이터와 누적된 빅데이터 등으로 AI는 보다 합리적인 판단의 근거와 올바른 도시계획 또는 도시 정책 방향 결정을 지원할 것으로 예상된다.

AI의 도입과 활용은 예측 모델의 정확성이 향상되는 데 기여할 것으로 보인다. 도시의 확장과 인구 증가에 따른 주택 문제, 환경적 변화 등 다양한 변수들을 예측하는 데 AI는 뛰어난 능력을 발휘한다. 머신러닝과 딥러닝 기술은 과거 데이터를 기반으로 미래 시나리오를 시뮬레이션함으로써 정책 입안자들에게 과학적 근거를 제공한다. 이러한 접근 방식은 재해 예방, 에너지 사용 최적화 등 지속 가능한 도시 개발에 필수적이다.

더불어 시민 참여와 협업이 더욱 활발해지는 데도 기여할 것으로 보인다. AI 기반의 플랫폼은 시민들이 도시 개발 과정에 의견을 제시할 수 있는 기회를 제공한다. 예를 들어, 증강현실(AR)과 가상현실(VR) 기술을 통해 시민들이 가상 공간에서 새로운 개발 프로젝트를 체험하고 피드백을 제공할 수 있다. 이는 참여형 도시계획을 촉진하여 도시 거버넌스의 투명성과 효율성을 높이는 데 기여한다.

AI 기술 집약 도시계획의 문제점과 도전

AI의 비약적인 발전은 도시계획 분야의 발전을 도모하는 데 효과적일 수 있지만, AI 기반 도시계획에 따른 새로운 문제점과 도전 과제를 남길 것으로 보인다.

AI의 발전에도 불구하고 이에 따른 반대급부로서 해결해야 할 도전 과제가 발생할 수 있다. 먼저, 데이터의 편향성과 프라이버시 문제는 여전히 큰 장애물이다. AI가 정확한 분석을 제공하려면 신뢰할 수 있는 데이터가 필수적이지만, 특정 집단에 편향된 데이터는 불평등한 결과를 초래할 수 있다. 또한 도시 전역의 데이터를 수집하는 과정에서 개인 정보 보호에 대한 우려가 제기된다.

이에 따라 AI 도입과 활용에 있어 강조되어야 할 것이 바로 '책임감 있는 AI(responsible AI)'의 역할이다. AI의 도입과 운영 과정에서 요구되는 인권, 안전, 신뢰성, 책임감 등에 대해 공공(public)은 나름의 기준을 갖고 관리 체계(governance)를 갖추고 일정한 역할을 수행할 필요가 있는데 이것이 바로 책임감 있는 AI로서의 역할이라고 할 수 있다.

더불어 기술 의존성이 증가함에 따라 기존 도시계획가(urban planner)들의 역할이 축소될 가능성도 있다. AI가 의사 결정을 자동화하면 기존 계획가 또는 정책 결정자들의 직관적 판단과 창의성이 배제될 수 있다. 이것은 경우에 따라 획일화된 도시 정책 방향이나 도시 설계가 초래될 수 있다는 점에서 경계되어야 한다. 따라서 AI와 정책 결정자 또는 계획가들 간의 협력적 역할 분담이 중요해질 것으로 판단된다.

이상과 같은 우려에도 불구하고 AI와 도시계획 분야 간의 융합은 향후 지속적인 발전과 진화기 있을 것은 분명하다. 미래 전망과 발전 방향은 지속 가능한 스마트시티 구현, 자율주행 확산, 맞춤형 도시 정책 및 행정 서비스 제공 등을 통해 전망해 볼 수 있다.

지속 가능한 스마트시티 구현과 관련해서는 AI 기술을 활용해 에너지 소비를 최적화하고 탄소 배출을 줄이는 방향으로 도시 계획이 나아갈 것이다. 예를 들어, AI 기반 에너지 관리 시스템은 도시 내 전력 수요를 예측하고 효율적으로 분배함으로써 지속 가능한 에너지 사용을 가능하게 할 것이다.

자율주행 기술의 발전은 도로 설계와 교통 정책에 변화를 가져올 것이다. AI는 교통 흐름을 실시간으로 조정하고, 사고 위험을 감소시켜 도시 내 이동성을 크게 향상시킬 것이다.

맞춤형 도시 정책 및 행정 서비스 관련해서 AI는 도시 거주자들의 요구를 실시간으로 분석해 개인 맞춤형 서비스를 제공할 수 있다. 예를 들어, 공공 안전 시스템이 AI를 통해 범죄 가능성을 예측하고 사전에 대응하는 방식으로 발전할 것이다.

참고문헌

서정렬(2024.08.30). [헬로 지역 사회칼럼] 공진 부산 '글로벌 허브 도시', n의1 도시 vs n분 도시, ≪헬로 티비 뉴스≫. https://news.lghellovision.net/news/articleView.html?idxno=479740

이세원·유재성·이기훈·정예진(2024.01.15). "도시 AI(Urban AI) 구현을 위한 정책적 시사점", ≪국토정책 Brief≫ 949, 국토연구원.

https://chatgpt.com/share/67766ffe-fc3c-800e-95d3-0481736

6ffc0

https://chatgpt.com/share/67766c67-1880-800e-8856-d99d4a195059

https://chatgpt.com/share/67766f0a-1604-800e-a729-e8f1eb7cd813

https://chatgpt.com/share/677a2ac1-4568-800e-951f-63261386a0a5

07
AI를 통한 부동산 시세 및 투자 정보 활용

부동산 분야와 관련해 AI를 이용 또는 활용하고자 하는 주체는 소비자일 수도 있고 관련 기업일 수도 있다. 소비자 입장에서는 자신이 원하는 다양한 정보를 편리하게 접할 수 있으며, 관련 기업 입장에서는 AI를 통해 소비자가 원하는 콘텐츠를 발굴 · 제공할 수 있다. AI를 통한 소비자 및 기업 각자의 니즈는 부동산관련 정보 구축과 관련 산업을 발전시키는 기폭제가 될 수 있다.

AI와 윤동주?

AI, 소비자의 '부동산 니즈'에 충족

소비자 입장에서 본인이 관심 갖고 있는 특정 부동산에 대한 정보의 양은 문제가 안 된다. 정보의 양은 다다익선이다. 주어진 정보 가운데 소비자가 취사선택하면 된다. 정보의 양보다는 소비자가 원하는 정보(데이터)가 있느냐 없느냐가 더 중요할 수 있다.

AI 또는 AI를 활용한 관련 데이터나 정보 등은 소비자가 필요로 하는 부동산 정보들을 제공하고 파악하는 데 효과적일 수 있다. 그리고 그렇게 제공된 정보를 토대로 소비자가 최종 의사 결정 하는 데 도움을 받을 수 있다면 최선이다.

아파트나 단독주택 또는 상가 등 특정 부동산에 대해 소비자가 대체로 원하는 정보는 의외로 간단하다. 관심 있는 부동산의 위치(입지), 가격, 거래 사례, 최근 거래 동향 등이다. 이 정도의 정보로도 의사 결정하는 데 충분할 수 있기 때문이다. 또한 이런 수준의 정보들은 부동산 관련 플랫폼이 생기면서부터 다양한 형태로 제공되어 왔다.

그러나 부동산 관련 데이터 정보에 AI가 접목되면서부터는 정보의 질이 달라졌다. 우선 특정 부동산에 대한 정보를 원하는 동일한 소비자로서의 경쟁자 집단의 크

기나 이동 특성이나 관련 동향들을 직간접적으로 파악할 수 있게 되었다는 점이다. 뒤집어 말하면 소비자가 필요로 하는 부동산 정보가 어떤 것인지를 파악해 기업 입장에서 소비자에게 어필할 수 있는 정보를 AI를 통해 제공할 수 있게 되었다는 점이다. 소비자 입장에서 '필요'로 하는 정보를 AI가 파악할 수 있게 되었다는 것을 의미한다.

소비자의 '필요'에 부응하는 기업 측면에서의 '공급'은 소비자의 '니즈(needs)'이자 '수요'로 연결될 수 있다는 점에서 이에 대한 기업 측면의 고려는 기업의 수익 측면에서는 놓칠 수 없는 중요한 인사이트(insight)라고 할 수 있다.

AI, 기업의 니즈인 '소비자 만족'에 충족

AI를 이용해 부동산 정보를 제공하는 프롭테크 업체들이 늘고 있다. 부동산 시장에서 세대별, 지역별로 다양하게 변하고 있는 수요자 니즈(needs)에 부응하기 위함이다. 2020년과 2021년 문재인 정부의 서울 강남 규제에 따른 '규제의 역설(paradox of regulation)'로 인한 '풍선효과(balloon effect)'로 전국적으로 주택 가격이 폭등한 이례적 상황을 경험하면서부터 소비자들의 인식이 바뀌고 있다. 단순히 부동산 시장에서 주택 가격은 '무조건 우상향'한다는 부동산 불패 신화가 더 이상 지속되기 어렵다는 판단이 작용한 탓이 크다.

부동산관련 프롭테크 업체들은 대부분 빅데이터를 활용한다. '빅데이터'가 '디지털 환경에서 생성되는 데이터로 그 규모가 방대하고, 생성 주기도 짧고, 형태도 정형화된 수치 데이터뿐 아니라 문자와 영상 데이터 등 비정형 데이터를 포함하는 대규모 데이터'를 의미하지만 일반인들은 이에 대해 정확한 이해를 하지 못한다. 다만, 각자 소비자들이 궁금한 것에 대해 결과로 알려 주는 '내용(콘텐츠, contents)'에 관심이 있기 때문이다. 결국 일반인들이 관심 있어 하는 '내용'은 관련 기업에서 관련 알고리즘을 통해 제시해 준다.

알고리즘의 사전적 의미는 '어떤 문제의 해결을 위하여, 입력된 자료를 토대로 하여 원하는 출력을 유도해 내는 규칙의 집합'이나, AI가 보편화된 현재 시점에서 일반인들이 이해하고 있는 알고리즘 의미는 '자신이 찾고자 하는 형태의 자료를 알아서 추출해 효과적으로 보여 주는 기술적 결과'라고 할 수 있다.

AI 알고리즘은 기계학습이고 그 가운데 딥러닝(deep learning) 기술이 요체다(이상엽, 2024). 기계학습은 데이터를 학습시키고 이를 이용해 새로운 데이터에 대한 예측 또는 결정을 내리는 방법으로, 문제의 유형과 학습 방법에 따라 지도 학습, 비지도 학습, 강화 학습 등으로 나눈다. 딥러닝은 기계학습의 일종으로 심층 신경망을 이용하여 대규모 데이터에서 복잡한 패턴을 학습하는 방법이다. 여러 계층의 뉴런으로 구성된 심층 신경망을 기반으로 특히 이미지 인식, 자연어 처리 분야 등에서 혁신적 성과를 보여 준다(이종원, 2024). 딥러닝을 통한 알고리즘이 학습하면 학습할수록 소비자가 원하는 결과물을 제시할 수 있는 원리다.

프롭테크 기업 '빅데이터' 구축 및 활용

사전적 의미로 '어떤 일을 일정한 목적과 계획을 가지고 짜임새 있게 지속적으로 경영'하는 '사업(事業, business, enterprise)'은 소비자가 필요로 하는 정보를 제공하는 것만으로는 성장과 지속성 측면에서 일정한 한계가 있을 수 있다. 이렇게 멈춘다면 업역의 한계, 성장의 한계다. 소비자가 원할 수 있는 정보를 찾아내고 가공해서 제공할 때 그 사업은 영속성과 지속성을 담보할 수 있다. 생성형 AI가 부동산 분야, 부동산을 업역(業域)으로 하는 다양한 사업에서 성공적인 사업 모델을 만들어 낼 수 있도록 도울 수 있다면 AI는 기술적으로 발전할 것이고 사업은 업역이 더욱 확장될 수 있을 것이다.

프롭테크 대표 기업 가운데 하나인 '지인'은 전국 각 지역의 주택 거래량, 입주 수요, 시세 등을 한 눈에 파악하기 쉽게 우리나라 전도 형태의 이미지 위에 시각적으로 표현한다. 지도를 확대하거나 알고 싶은 지역의 행정동을 설정하면 보다 세밀한 정보를 찾을 수 있도록 하고 있다.

'호갱노노'는 서비스에 분양, 경매, 재건축, 뉴스, 추천, 분석, 오늘 등의 카테고리를 노출시키고 있으며 특히, 실수요자나 투자자가 아파트를 선택할 때 '분석' 창을 유용하게 활용할 수 있도록 하고 있다. 아파트 실거주자의 거주 리뷰 등을 활용할 수 있도록 해 특정 아파트에 대한 이해와 신뢰를 돕고 있다.

또 다른 프롭테크 기업인 '아실'은 디테일한 부동산 데이터를 확인하는 데 효과를 극대화시킬 목적으로 '부동산스터디' 카테고리를 통해 거래량 분석, 매물 증감, 가격 비교 등의 정보를 제공하고 있다.

이상과 같은 기업의 빅데이터 구축 및 소비자의 활용에 더해 AI 인공지능을 통한 보다 진일보한 서비스 제공을 계획 및 실행에 옮기고 있다. '직방'은 '아파트 상승 ·

하락 거래 데이터', '아파트 브랜드별 거주민 리뷰 키워드' 등 총 7종의 데이터를 공개한다고 발표한 바 있다. 이에 앞서 직방은 시 · 도 아파트 특성별 가격 효과, 아파트별 정주 · 고용 여건 지표 등 13종의 데이터를 선보이기도 했다. 또한 내 집 마련에 유용한 주택 임대거래 유형별 통계는 무료로 공개한 바 있다. 여기에 더해 2022년부터 한국부동산원 등 15개 공공기관과 기업 컨소시엄에 참여해 빅데이터 플랫폼을 개발하고 있기도 하다.

'이제이엠컴퍼니'는 재개발 · 재건축 조합 운영 관리 시스템인 '우리가'를 선보일 예정이다. 도시정비법 개정으로 조합의 전자 투표가 가능해졌고 이에 '우리가'는 조합의 의사 결정을 투명하고 빠르게 처리할 수 있도록 전자 투표 등 총회 운영을 자동화한 총회 관리 시스템(VMS)을 갖춘바 있다.

'파이퍼블릭'은 개인 투자자가 프라임급 오피스에 투자할 수 있는 리츠 투자 플랫폼 '리얼바이'를 소개한 바 있다. 리츠 투자 플랫폼은 서울 중심업무지구(CBD), 강남 업무권역(GBD), 여의도 업무권역(YBD)에 있는 프라임급 오피스를 투자 대상으로 한다. 예 · 적금의 낮은 수익률과 주식 · 코인 변동성에 비해 투자자에게 안정적인 수익을 제공하는 게 목표다. 공제회, 연기금, 자산운

용사 등이 투자한 펀드나 리츠 지분을 매입하는 방식(재간접 리츠)으로 검증된 자산을 확보하는 데 드는 시간을 줄인 것이 특징이다. 또한 투자 수익이 5%를 넘지 않으면 수수료를 받지 않는다고 한다.

AI 기술을 활용하는 프롭테크관련 기업 입장에서는 소비자가 필요로 하는 니즈를 충족시킬 때 기업의 이익이 창출될 수 있다는 것을 너무 잘 알고 있다. 그렇기에 관련 기업은 소비자가 원하는 인공지능 기술을 자신들의 비즈니스 플랫폼에 반영할 수밖에 없다. 그렇게 공급된 상품과 기업 브랜드만이 소비자에게 선택받을 수 있기 때문이다.

AI 활용, 2025년 한국 부동산 시장 전망

생성형 AI를 통해 일반 소비자들이 궁금해 할 수 있는 '2025년 부동산 시장 전망'에 대해 질문했다. 아래 내용은 스마트폰 무료 버전인 챗GPT 4o mini 에게 질문하고 답변된 내용 전문을 그대로 옮긴 것이다. 질문은 이랬다. '한국의 최근 탄핵 정국을 감안해서 2025년 한국 부동산 시장 전망 및 지방 부동산 시장에 여향을 미칠 요인들에 대한 신문 칼럼을 A4 한 장 분량으로 작성 바람.'

2025년 한국 부동산 시장 전망 : 탄핵 정국과 지방 시장에 미치는 영향

2025년 한국 부동산 시장은 정치적 불확실성과 경제적 요인이 복합적으로 작용하며 혼란스러운 한 해를 보낼 가능성이 크다. 최근 탄핵정국은 정부의 정책 추진력을 약화시키고, 투자자와 소비자의 심리에 부정적인 영향을 미칠 것으로 예상된다. 이러한 정치적 불안정이 부동산 시장에 미칠 영향을 분석하고, 지방 부동산 시장에 주요 영향을 미칠 요인을 살펴본다.

정치적 불안정이 부동산 시장에 미치는 영향

탄핵정국은 정책의 연속성과 신뢰도를 약화시킬 가능성이 크다. 부동산 시장은 특히 정부 정책에 민감하게 반응하는데, 정책 공백이 장기화될 경우 시장 참여자들은 관망세를 유지하며 거래량이 감소할 수 있다. 또한, 외국인 투자자들은 정치적 리스크를 이유로 한국 시장에서 발을 빼는 경향을 보일 수 있어, 상업용 부동산 시장에도 영향을 미칠 것이다. 정부가 추진하려던 주택 공급 확대 정책과 임대차 안정화 대책이 중단되거나 지연될 경우 수도권 주택 시장에서는 가격 불안정성이 확대될 가능성이 높다. 특히 서울을 포함한 수도권은 여전히 주택 수요가 높은 반면, 공급 부족 현상이 지속

되고 있어 단기적으로 가격 상승 압력이 작용할 수 있다.

지방 부동산 시장에 영향을 미칠 요인들

지방 부동산 시장은 수도권과는 또 다른 양상을 보일 전망이다. 가장 큰 변수는 인구 감소와 지역 경제 침체다. 우리나라의 인구 구조 변화는 지방 소멸 위기를 가속화하고 있으며, 이는 지방 부동산 시장의 구조적 침체를 더욱 심화시킬 가능성이 있다.

그러나 지방 주요 도시들은 몇 가지 호재를 기대할 수 있다. 먼저, 정부가 지방 균형 발전을 목표로 추진했던 공공기관 이전 및 대규모 인프라 사업이 재개된다면 일부 지역은 경제 활력을 되찾을 수 있을 것이다. 또한, 지방의 주택 가격이 수도권에 비해 상대적으로 저렴하다는 점은 젊은 세대와 은퇴 세대를 중심으로 한 주거 수요를 끌어들일 가능성이 있다.

한편, 탄핵 정국의 영향으로 중앙 정부가 지방 자치단체에 대한 지원을 축소하거나 지연시킬 경우 지방 부동산 시장의 회복은 더욱 어려워질 수 있다. 이에 따라, 지방 정부의 자체적인 경제 활성화 정책과 기업 유치 노력이 더욱 중요해질 것으로 보인다.

결론: 변동성 속 신중한 접근 필요

2025년 한국 부동산 시장은 탄핵정국이라는 정치적 변수와 경제적 불확실성 속에서 변동성을 보일 가능성이 높다. 수도권은 공급 부족과 정책 공백의 영향을 받을 가능성이 크고, 지방은 인구 감소와 경제 침체라는 구조적 문제를 극복해야 하는 과제를 안고 있다.

투자자와 소비자 모두 신중하게 시장을 분석하고, 단기적인 가격 변동에 휘둘리기보다 장기적인 관점에서 시장을 바라볼 필요가 있다. 특히, 지방 시장은 경제 활성화 요인과 인프라 개발 가능성을 면밀히 검토해야 한다. 2025년은 부동산 시장 참여자들에게 더욱 세심한 전략이 요구되는 한 해가 될 것으로 보인다.

이상과 같은 답변을 받았다면 이를 기초로 보다 구체적인 질문을 추가로 진행할 경우 보다 깊이 있는 답변을 얻을 수 있다. 딥러닝을 통한 생성형 AI의 딥러닝 결과라고 할 수 있다. 관련 프롭테크 업체들에서 소비자가 쉽게 파악할 수 있고, 용이하게 활용할 수 있는 사용자 중심(user-oriented)의 관련 정보들을 추가로 구축할 예정임에 따라 AI를 활용한 업체 간 관련 데이터 제공은 현재 수준보다 다양해질 것이고 의사 결정에 있어 보다 구체적인 솔루션을 제공할 것으로 예상된다.

참고문헌

네이버 지식백과. 빅데이터 정의, https://terms.naver.com/entry.naver?docId=1691554&cid=42171&categoryId=42183

박진우(2024.09.25). 집코노미. 집값 전망 데이터·리츠 플랫폼…부동산 신기술 모두 모였다, ≪한국경제≫. https://www.hankyung.com/article/2024092574611

서정렬(2019). 『부동산 개발, 디벨로퍼』, 커뮤니케이션북스.

서정렬(2025.01.02). [주간 부동산 인사이트 칼럼] AI에게 물어본 '2025년 울산시 부동산 시장 전망', ≪울산경제신문≫. https://www.ulkyung.kr/news/articleView.html?idxno=61359

서정렬(2025.01.06). [부동산현장] AI에게 물어본 '2025년 부동산 시장 전망', ≪양산신문≫. https://www.yangsanilbo.com/news/articleView.html?idxno=113624

이상엽(2024). 『AI를 이용한 사회과학 연구 방법』, 커뮤니케이션북스.

이종원(2024). 『A1 알고리즘의 이해』, 커뮤니케이션북스.

08
부동산 개발과 AI

부동산 개발은 복잡하고 다각적인 분석과 의사 결정을 필요로 하는 분야로, 다양한 이해관계자와 데이터가 얽혀 있는 복합적인 산업이다. 이러한 맥락에서 AI의 도입은 부동산 개발 전 과정을 혁신적으로 변화시키고 있으며, 효율성과 정확성을 극대화하는 데 보다 기여할 수 있다.

AI와 한의학?

부동산 개발에 있어 AI의 활용

부동산 개발은 토지의 매입과 상품 기획, 프로젝트 파이낸싱(project financing)과 분양, 준공에 이르기까지 개발 과정에서 리스크가 존재한다. 부동산 개발에서 AI는 발생할 수 있는 리스크를 최소화 하면서 주로 데이터 분석, 시장 예측, 설계 최적화, 그리고 의사 결정 지원의 영역에서 활용되고 있다.

데이터 분석 측면에서 AI는 방대한 양의 데이터를 신속하고 정확하게 처리해 유의미한 인사이트를 도출할 수 있다. 이를 통해 개발 대상지의 토지 특성, 인구 통계학적 데이터, 교통량, 주변 상권 등을 체계적으로 분석할 수 있다.

시장 예측에서는 AI가 과거 시장 데이터를 기반으로 미래의 부동산 시장 동향을 예측하는 데 큰 역할을 한다. 머신러닝 알고리즘은 주택 가격, 임대 수요, 투자 수익률 등을 예측해 투자 위험을 최소화하고 성공 가능성을 높이는 데 기여한다.

설계 최적화에 있어서 AI는 건축 설계 단계에서부터 사용될 수 있다. 예를 들어, AI 기반 설계 도구는 토지 활용도를 극대화하고 에너지 효율성을 고려한 설계를 자동으로 제안할 수 있다. 이는 건축 비용을 절감하고 친환경적 개발을 촉진하는 데 중요한 역할을 한다.

의사 결정 지원에서는 AI가 시뮬레이션과 시나리오 분석을 통해 개발 프로젝트의 다양한 결과를 예측함으로써 최적의 결정을 내릴 수 있도록 돕는다.

AI의 역할과 부동산 개발 분야 도입 효과

AI는 부동산 개발 과정에서 인간의 역할을 보완하며 복잡한 의사 결정 과정을 간소화하고 자동화하는 데 기여하고 있다.

의사 결정 보조자로서 AI는 다양한 변수를 고려한 다각적 분석 결과를 제공해 개발자들이 보다 정확하고 신속하게 결정을 내릴 수 있도록 돕는다. 예를 들어, 특정 지역의 개발 가능성을 분석할 때, AI는 경제적, 사회적, 환경적 요소를 동시에 고려해 최적의 개발 방안을 제안한다.

AI는 리스크 관리자로서 역할을 한다. 부동산 개발은 큰 자본이 투입되는 사업으로, 투자 위험 관리가 필수적이다. AI는 잠재적 위험 요소를 사전에 감지하고, 이를 해결하기 위한 대안을 제시함으로써 프로젝트의 안정성을 높인다.

AI는 효율성 증대 도구로 기능한다. 반복적이고 시간

소모적인 작업, 예를 들어, 대량의 데이터를 정리하고 분석하는 작업을 자동화함으로써 개발자는 보다 창의적이고 전략적인 활동에 집중할 수 있다.

부동산 개발에 있어 AI의 도입은 부동산 개발 전반에 다양한 긍정적 효과를 기대할 수 있다. 첫째, 효율성 증대다. AI를 활용하면 데이터 분석 및 설계 최적화와 같은 과정을 자동화할 수 있어, 시간과 비용을 절감할 수 있다. 이는 프로젝트의 전반적인 생산성을 향상시키고, 개발 기간을 단축시키는 데 기여한다.

둘째, 정확성과 시의성 향상이다. AI는 인간보다 더 많은 데이터를 더 빠르게 처리하고 분석할 수 있어 의사결정의 신뢰도를 높인다. 특히, 시장 예측에서 AI는 데이터 기반의 정교한 분석을 통해 개발자가 보다 정확한 결정을 시의성 있게 내릴 수 있도록 돕는다.

셋째, 리스크 감소다. AI는 잠재적인 문제를 사전에 발견하고 이를 해결하기 위한 시뮬레이션을 제공함으로써 투자 위험을 줄이고 프로젝트 성공률을 높인다.

넷째, 지속 가능성 강화다. AI는 에너지 효율성, 친환경 건축 설계, 자원 최적화 등 지속 가능한 개발 방안을 제시해 환경에 미치는 부정적 영향을 최소화한다. 특히, 최근 도시계획 및 건설, 부동산 분야에서 강조되고 있는

저영향 개발(LID, Low Impact Development) 기법을 적용한 관련 시설의 설치 및 사업 추진에 효과적일 수 있다.

AI 활용 국내외 '부동산 개발' 적용 사례

AI 기술은 부동산 개발의 전 과정을 혁신하며 예측의 정확성을 높이고 리스크를 줄이는 역할을 한다. 부동산 개발에 있어 AI는 프롭테크 형태로 부동산 개발을 지원 또는 의사 결정 과정에서 도움을 줄 수 있는 경우와 부동산 개발 과정에 AI를 활용하는 경우로 구분할 수 있다.

AI '부동산 플랫폼 또는 프롭테크 융합' 해외 사례 : 질로우의 제스트메이트

미국의 부동산 플랫폼 질로우(Zillow)는 인공지능(AI)을 활용한 부동산 가치 평가 시스템, 제스트메이트(Zestimate)를 통해 부동산 개발과 매매에 혁신적인 변화를 가져오고 있다.

제스트메이트는 AI와 머신러닝 알고리즘을 이용해 방대한 데이터를 분석한다. 지역 시장 트렌드, 거래 기록, 주변 시설, 인구 통계, 위성 이미지 등을 종합적으로 평가해 부동산의 현재 시장 가치를 예측한다.

제트스메이트는 1억 개 이상의 부동산에 대해 실시간으로 시장 가치를 추정하며, 이를 통해 개인과 개발자에게 정확하고 신뢰할 수 있는 정보를 제공한다. 부동산 개발업자들은 제스트메이트를 통해 최적의 개발 지역을 선택하고, 시장 가치 상승 가능성이 높은 지역을 식별해 효율적인 프로젝트 계획을 세울 수 있다.

AI를 활용해 빠르고 정확한 정보 제공이 가능해져 시장 예측의 신뢰도를 높이고 부동산 개발의 리스크를 줄이는 데 효과적이다.

AI '부동산 플랫폼 또는 프롭테크 융합' 해외 사례 : 국토정보지리원과 프롭테크의 융합

우리나라에서는 AI와 GIS(지리정보시스템)를 결합한 스마트 부동산 개발 사례들이 확인된다. 특히 정부와 민간 기업의 협력을 통한 스마트시티 개발 프로젝트가 대표적이다.

국내 스마트시티 개발과 관련해 2개의 실증 사례(test bed) 대상지가 있다. 하나는 행정중심복합도시로 추진되고 있는 '세종시 5-1생활권'이고 또 하나는 '부산 에코델타시티'다. 에코델타시티는 AI 기반 플랫폼을 통해 도시 설계 및 부동산 개발이 이루어졌다. AI가 기후 데이터, 인구 변화, 교통량 등을 분석해 최적의 도시 계획을 제안하며 스마트 건축물 배치와 인프라 설계가 가능하게 지원했다. 공공 부문과 민간 부동산 개발사의 협업으로 지속 가능하고 효율적인 도시 공간을 조성했다.

부동산 가치 예측 솔루션 제시에도 AI가 활용되고 있다. 국내 프롭테크 기업들은 AI를 이용해 아파트 시세를 예측하는 서비스를 제공한다. 예를 들어, 호갱노노와 같은 플랫폼은 AI가 거래 데이터를 분석해 실거래가와 예상 시세를 제공한다.

이와 같이 AI는 국내의 복잡한 부동산 시장 구조와 규제 환경 속에서도 개발 기회를 식별하고 부동산 투자 및 개발의 효율성을 극대화하는 도구로 자리 잡아 가고 있다.

AI 활용 '부동산 개발' 해외 사례 : 미국의 키사이트(KiSAiTE) 프로젝트

미국 실리콘밸리에 본사를 둔 키사이트(KiSAiTE)는 AI를 활용해 스마트시티 개발 프로젝트를 성공적으로 이끈 사례로 주목받고 있다. 키사이트는 AI 기반 플랫폼을 통해 도시 개발 초기 단계에서부터 데이터를 활용한 정밀한 분석과 의사 결정을 지원했다.

이 프로젝트에서 AI는 인구 통계, 교통 패턴, 상업 활동 데이터를 분석해 최적의 부지 선정과 활용 계획을 제안했다. 이를 통해 부지 활용도를 극대화하고 투자 위험을 최소화했다. 또한, AI는 환경 영향 평가와 에너지 효율성을 고려해 건물 설계를 최적화했다. 이를 통해 설계 비용을 약 20% 절감하고 에너지 소비를 기존 설계 대비 30% 줄이는 성과를 거두었다. 더불어 다양한 개발 시나리오를 시뮬레이션하고 예상 결과를 시각적으로 제시함으로써 투자자와 지역 사회의 신뢰를 확보했다.

키사이트 프로젝트는 AI를 통해 단순히 경제적 이익을 창출한 것을 넘어 지역 사회의 삶의 질을 높이고 환경 영향을 최소화하는 지속 가능한 개발 모델을 제시했다는 점에서 높이 평가된다.

AI 활용 '부동산 개발' 국내 사례 : 현대건설의 AI 기반 주택 개발

국내에서는 현대건설이 AI를 활용한 주택 개발 프로젝트로 주목받고 있다. 현대건설은 AI 기술을 적용해 주거 환경의 품질을 높이고 비용 효율성을 극대화한 사례를 만들어냈다.

현대건설은 건물 설계 과정에서 AI 알고리즘을 활용해 최적의 설계안을 도출했다. 예를 들어, 빛의 방향, 통풍, 소음 차단 등을 고려해 각 세대의 배치와 구조를 설계함으로써 주거 편의성을 극대화했다. 이를 실제로 현대건설이 추진하고 있는 서울 용산구 한남4구역 재개발 사업에 반영해 조합원 전 세대 100% 프리미엄 조망권 확보를 약속한 바 있으며 헬스 케어를 접목한 미래형 건강 주택 개발에 반영하고 있다.

AI를 통해 공정 스케줄을 자동으로 최적화하고, 자재 소요량을 예측하여 낭비를 최소화했다. 이를 통해 공사 기간을 약 15% 단축하고 비용을 절감하는 효과를 거두었다.

현대건설은 AI를 활용한 스마트홈 시스템을 주거 공간에 통합했다. 이를 통해 입주민은 음성 명령이나 모바일 애플리케이션을 통해 조명, 난방, 보안을 제어할 수 있는 편리함을 누릴 수 있게 되었다.

부동산 개발에서 AI는 단순한 도구를 넘어, 복잡한 개발 과정을 혁신적으로 변화시키는 중요한 기술로 자리 잡고 있다. 데이터 분석, 시장 예측, 설계 최적화 등 다양한 분야에서 AI는 효율성과 정확성을 향상시키며 리스크를 최소화하고 지속 가능성을 강화하는 데 기여하고 있다. 앞으로도 AI의 발전과 함께 부동산 개발은 더욱 정교하고 효율적인 방향으로 나아갈 것으로 예상된다. AI

를 적극적으로 도입하고 활용하는 것이 부동산 개발의 성공과 지속 가능성을 보장하는 중요한 열쇠가 될 것이 분명해 보인다.

참고문헌

김혜준(2024.12.30). 한남4 재개발 삼성 vs 현대…디자인과 공사비 싸움, ≪중소기업신문≫.
https://www.smedaily.co.kr/news/articleView.html?idxno=313528

서정렬(2016.03.20). [부동산 깊게보기] 인공지능 알파고, 주택문제도 해결할까, ≪국제신문≫.
https://www.kookje.co.kr/news2011/asp/newsbody.asp?code=0200&key=20160321.22016192847

서정렬(2019.04.21). [부동산 깊게보기] 사회적 재난 된 미세 먼지…'공기 세력권' 뜬다, ≪국제신문≫.
https://www.kookje.co.kr/news2011/asp/newsbody.asp?code=0200&key=20190422.22018008486

서정렬(2019). 『부동산 개발, 디벨로퍼』, 커뮤니케이션북스.

서정렬(2024.01.24). [서정렬칼럼] 1인 가구 '플랫폼'과 지자체 '1인 가구 포털', ≪1코노미 뉴스≫.
https://www.1conomynews.co.kr/news/articleView.html?idxno=26814

오승준(2024.12.19). '대치동 학원 유치' 공약까지…한남4구역 재개발 수주전 치열, ≪동아일보≫.
https://www.donga.com/news/Economy/article/all/20241219/130682555/1

https://chatgpt.com/share/6774bac5-6ad0-800e-8c3e-3b81d1

3bebb7

https://chatgpt.com/share/6774c03f-8378-800e-9161-cb2973
0077ff

09
AI의 발전과 부동산 분야 전망

'개발의 시대'가 끝나고 인구가 감소하는 소멸 시대를 맞으면서 우리나라 국토 공간은 '지역 · 도시 스케일'에서 '부동산 스케일'로 그리고 다시 '공간 스케일'로 변화되고 있다. 인공지능의 발전은 부동산 산업과 부동산 분야 전반에 직접적으로 작용할 것으로 예상된다. AI는 부동산 매매 및 임대, 자산 관리, 투자 분석, 고객 서비스 등 다양한 영역에서 효율성과 정확성을 제고할 것으로 기대된다.

AI와 화장품?

'스케일의 변화'와 AI의 역할

인공지능의 발전은 사회 전반에 걸쳐 깊은 영향을 미치고 있으며, 이는 특히 지역 · 도시 계획, 부동산 등의 공간 계획이나 디자인 등에 영향을 미치고 있다. 도시 스케일에서 부동산 스케일로, 그리고 다시 개별 공간으로 쪼개지고 때로는 이 모든 것들이 새로운 거점이나 새로운 공간으로 만들어지는 데 AI의 역할은 더욱 강조될 전망이다.

2025년 1월 7일 개최된 CES 2025에서 강조되었듯이 '도시AI(Urban AI)에서 홈(Home) AI'로 공간적 스케일이나 기술적 적용의 한계가 없어지는 것과 같은 맥락의 변화가 가속화 될 것으로 보인다.

구체화되고 있는 상황과 변화 양상은 새로운 가능성과 과제를 동시에 제시한다. 이러한 흐름 속에서 AI는 데이터 기반의 의사 결정, 효율성 증대, 그리고 사용자 맞춤화의 측면에서 핵심적인 변화를 이끌고 있다.

지역·도시 스케일에서 AI의 역할

지역 · 도시 스케일에서 AI는 데이터 분석과 예측 기능을 통해 스마트시티(Smart City) 구현의 핵심 기술로 자리 잡고 있다. 교통 흐름 최적화, 에너지 관리, 그리고 공공 서비스 개선 등 다양한 분야에서 AI가 활용되고 있다. 예를 들어, AI 기반 교통 관리 시스템은 실시간으로 데이터를 분석해 혼잡을 줄이고, 대중교통의 효율성을 높인다. 이 과정에서 수많은 센서와 연결된 사물인터넷(IoT) 기술이 AI와 결합해 도시 전반의 데이터를 수집・분석하며 이를 통해 도시 관리의 효율성을 극대화한다.

또한 AI는 도시 계획 및 개발 과정에서 시뮬레이션과 예측 도구로 활용된다. 기존에는 도시 개발의 장기적인 영향을 예측하는 데 한계가 있었지만 AI는 다양한 데이터를 종합적으로 분석해 미래의 도시 구조와 변화를 정밀하게 예측할 수 있다. 이는 도시 설계와 관련된 정책 결정 과정에서 중요한 도구로 자리 잡으면서 도시의 지속 가능성을 높이는 데 기여하고 있다.

부동산 스케일에서 AI의 역할

도시 스케일에서의 AI 활용이 발전함에 따라 부동산 스케일로 적용 범위가 확대되고 있다. AI는 부동산 가치 평가, 시장 동향 분석, 그리고 투자 전략 개발에서 점점 더 중요한 역할을 맡고 있다. 머신러닝 알고리즘은 부동산 가격 변동에 영향을 미치는 다양한 요소(예 : 지역 경제, 사회적 트렌드, 인프라 발전)를 분석하고 이를 기반으로 정교한 예측 모델을 제공한다. 이는 부동산 투자자와 개발자에게 보다 신뢰할 수 있는 정보를 제공하며 시장의 불확실성을 줄이는 데 도움을 준다.

부동산 마케팅과 거래 과정에서도 AI는 큰 변화를 가져왔다. AI 기반 챗봇과 가상 투어 기술은 구매자와 판매자 간의 상호작용을 개선하며 거래 과정을 간소화하고 사용자 경험을 향상시킨다. 예를 들어, AI는 개인의 선호도와 예산에 맞는 부동산 목록을 자동으로 추천하거나 특정 지역의 미래 가치를 예측해 투자 결정을 지원한다. 이러한 기술은 부동산 시장의 투명성을 높이고 기존의 정보 비대칭 문제를 완화하는 데 기여한다.

공간 스케일에서 AI의 역할

부동산 스케일에서 공간 스케일로의 전환은 AI가 점점 더 미세한 단위에서 작동하며 사용자 경험과 효율성을 극대화하는 방향으로 발전하고 있음을 보여 준다. 공간 디자인에서 AI는 사용자 맞춤형 설계와 공간 활용 최적화의 가능성을 열어 준다. 예를 들어, AI는 공간의 온도, 조명, 공기 질을 실시간으로 조정하며 사용자 선호도에 따라 환경을 자동으로 조율할 수 있다. 이는 스마트 홈이나 스마트 오피스와 같은 개인화된 공간에서 특히 유용하다.

또한, AI는 건축 및 인테리어 디자인에서도 혁신적인 도구로 활용되고 있다. 생성형 AI 기술은 건축 설계 과정에서 다양한 대안을 자동으로 생성하며 디자이너가 효율적으로 최적의 설계를 선택할 수 있도록 돕는다. 이는 시간과 비용을 절감하는 동시에 보다 창의적이고 기능적인 공간을 만들어내는 데 기여한다.

공간 관리에서도 AI는 효율성을 극대화한다. 예를 들어, 대규모 오피스나 공공시설에서는 AI가 공간 사용 패턴을 분석해 비효율적으로 사용되는 공간을 재배치하거나 최적화할 수 있다. 이는 공간의 활용도를 높이고 에너지 소비를 줄이는 등 지속 가능한 발전에 기여한다.

AI의 부동산 산업에의 영향, '공간의 가치'

AI의 발전은 부동산 산업 분야에서 그 동안 등한시되었거나 또는 제대로 분석 · 반영하지 못한 관련 데이터들을 취합, 분석, 종합, 예측해 부동산 개발과 자산 관리 등에 효과적인 도움을 줄 것으로 예상된다. 이것은 단순히 부동산 관련 기업이나 업체에게만 유용한 것이 아니라 부동산을 소비하는 소비자 등 다양한 플레이어(player) 모두에게 긍정적으로 활용될 가능성이 높다.

부동산 시장은 지역, 경제, 인구 통계 등 다양한 요소의 영향을 받는다. 기존에는 이러한 요소를 분석하고 시장을 예측하는 데 많은 시간과 비용이 소요되었다. 그러나 AI는 방대한 데이터를 분석하고 시장 트렌드를 예측하는 데 뛰어난 성능을 발휘한다. 예를 들어, AI 기반 알고리즘은 지역별 부동산 가격 변동, 수요와 공급의 균형, 투자 가능성을 실시간으로 분석해 투자자와 개발자에게 유용한 정보를 제공할 수 있다. 이를 통해 보다 정확한 의사 결정을 지원함으로써 부동산 시장의 안정성과 효율성을 높이는 데 기여할 것이다.

AI 기술은 부동산 검색 및 거래 과정을 혁신적으로 변화시킬 잠재력을 가지고 있다. 예를 들어, AI 기반의 추천 시스템은 개인의 선호도와 요구 사항에 맞는 부동산 매물을 자동으로 추천할 수 있다. 이러한 시스템은 부동산의 위치, 크기, 가격뿐만 아니라 주변 인프라와 학군 정보까지 종합적으로 고려해 고객에게 최적의 선택지를 제공한다. 또한, AI 챗봇은 고객 문의를 실시간으로 처리하며 24시간 대응이 가능하다는 장점을 가진다. 이를 통해 고객 서비스 품질이 향상되고 부동산 거래 과정이 더욱 간소화될 것으로 보인다.

스마트빌딩 기술과 결합된 AI는 자산 관리와 건물 운

영 방식을 획기적으로 개선할 수 있다. 예를 들어, AI는 건물 내 에너지 소비 패턴을 분석해 효율적인 에너지 관리 방안을 제안하거나 유지 보수 필요성을 사전에 예측하여 비용 절감을 도모할 수 있다. 또한, AI는 건물 내 보안 시스템을 강화하고 사용자 행동 데이터를 기반으로 맞춤형 서비스를 제공함으로써 입주자 경험을 향상시키는 데 기여할 것이다.

AI는 부동산 관련 금융 서비스와 리스크 관리에서도 중요한 역할을 한다. 예를 들어, AI는 부동산 담보 대출 심사 과정을 자동화해 대출 승인 절차를 간소화할 수 있다. 또한, 부동산 투자 리스크를 분석하고 잠재적 위험 요소를 사전에 감지함으로써 투자 안정성을 높이는 데 기여한다. 특히, 부동산 펀드나 REITs와 같은 금융 상품에 AI를 활용하면 투자자들에게 더욱 신뢰할 수 있는 정보를 제공할 수 있을 것이다.

AI의 발전은 부동산 산업의 전반적인 생산성과 효율성을 높이는 데 기여할 것으로 보인다. 하지만 AI 기술의 도입에는 몇 가지 과제가 수반된다. 예를 들어, 개인정보 보호와 데이터 보안 문제는 AI 활용 과정에서 반드시 해결해야 할 중요한 이슈다. 또한 AI 기술이 인간의 역할을 대체할 가능성이 높아짐에 따라 일자리 감소와 같은 사회적 문제도 고려해야 할 것이다.

그럼에도 불구하고 AI는 부동산 산업의 디지털 전환을 가속화하고 전통적인 업무 방식을 혁신적으로 변화시킬 잠재력을 가지고 있다. 특히, AI와 블록체인, 사물인터넷(IoT) 같은 다른 첨단 기술과의 융합은 부동산 산업의 새로운 패러다임을 열어갈 것이다. 따라서 부동산 기업과 정책 입안자들은 AI 기술을 적극적으로 수용하고 이를 효과적으로 활용하기 위한 전략을 마련해야 할 것이다.

AI는 부동산 산업 전반에 걸쳐 다양한 긍정적인 영향을 미칠 것으로 예상된다. AI의 영향은 단순히 부동산 가격으로서의 자산 가치 향상에도 기여할 것이지만, 단순히 가격으로서의 자산 가치보다 '공간의 가치'가 더 중요해질 것으로 보인다. 이러한 변화 전망에 선제적으로 대응하는 기업과 개인이 미래 부동산 시장에서 차별화된 경쟁력을 확보할 수 있음은 주지의 사실이다.

참고문헌

서정렬(2016.08.07). [부동산 깊게보기] '문화적 부동산'이우환 공간의 가치, ≪국제신문≫. https://www.kookje.co.kr/news2011/asp/newsbody.asp?code=0200&key=20160808.22016184756

서정렬(2017.08.27). [부동산 깊게보기] 도시 경쟁력 드높일 '4차 산업혁명', ≪국제신문≫. https://www.kookje.co.kr/news2011/asp/newsbody.asp?code=0200&key=20170828.22016010717

서정렬(2022.06.23). [경상시론]부산 사람도 안 간다는 곳 'Top3'와 도시, 공간, 로컬, ≪경상일보≫. https://www.ksilbo.co.kr/news/articleView.html?idxno=939081

서정렬(2023.09.26). [촉석루] '도시 브랜드'·'도시 공공디자인' 이거 아나, ≪경남신문≫. https://www.knnews.co.kr/news/articleView.php?idxno=1414954

서정렬(2024.04.08). [기고] '생성형 AI'와 도시·부동산 분야 관련성, ≪양산신문≫. https://www.yangsanilbo.com/news/articleView.html?idxno=107561

서정렬(2024.09.20). [서정렬칼럼] 1인 가구의 '빨간(붉은)벽돌집' 리모델링 선호와 경향, ≪1코노미뉴스≫. https://www.1conomynews.co.kr/news/articleView.html?idxno=31529

https://chatgpt.com/share/6774d231-d914-800e-8a49-29c3e5e4443e

https://chatgpt.com/share/6774dd27-cca8-800e-b827-e283167c8764

10
AI와 도시·부동산 '공간'의 변화 전망

'공간'은 도시계획에서 용도 지역 지구제(zoning)로서의 '용도'의 의미다. 부동산에서는 '필지'다. 용도나 필지로서의 공간이 최근에는 특정 용도의 '토지 위에 부착된 정착물' 즉, 건물이 아니라 공간을 채운 '콘텐츠(contents)'에 따라 다채롭게 정의된다. AI 도입으로 인해 메타버스, 디지털트윈 등 새로운 형태의 '공간'으로 이해되고 변화되고 있다. '공간'의 방향성을 모색하고 전망한다.

종교와 AI?

'공간'의 변화와 새로운 패러다임

도시화와 디지털화의 급속한 진전으로 인해 '공간'의 개념은 단순히 '물리적 장소'에 머무르지 않고, 데이터 및 네트워크와 결합된 복합적이고 동적인 개념으로 변모하고 있다. 과거에는 공간이 주로 주거, 상업, 공공 기능에 중점을 두었다면, 현대에는 기술 발전과 함께 스마트시티, 메타버스, 디지털 트윈 등 새로운 형태의 공간이 부상하고 있다. 이러한 변화는 공간의 이용 방식뿐 아니라 도시계획과 부동산 시장의 구조를 근본적으로 재편하고 있다.

AI와 도시계획

인공지능(AI)은 도시계획의 전 과정에서 필수적인 도구로 자리 잡고 있으며, 그 활용 범위는 매우 다양하다.

데이터 분석 및 시뮬레이션의 영역에서 AI는 교통, 인구 분포, 환경 변화와 같은 도시 데이터를 수집하고 분석해 미래를 예측하며 최적의 계획안을 도출한다. 예컨대, AI는 교통 흐름을 분석해 도로망 설계 방안을 제안하거나, 공공시설의 입지를 효율적으로 선정하는 데 기여할 수 있다.

예측 및 의사 결정 지원에 있어서도 AI는 교통 혼잡 완화, 기후 변화 대응, 재난 관리 등 복잡한 도시 문제에 대한 시나리오를 제시함으로써 정책 결정의 효과성을 제고한다.

맞춤형 도시계획의 수립에도 AI는 중요한 역할을 한다. 이는 지역적 특성과 주민 요구를 반영해 특정 지역에 최적화된 계획안을 수립할 수 있도록 돕는다. 이를 통해 특정 지역의 경제적, 문화적 특성을 반영한 도시재생 사업이 가능해진다.

AI와 부동산 시장

부동산 분야에서도 AI는 점차 그 중요성을 확대하고 있으며 시장의 투명성과 효율성을 제고하는 데 크게 기여하고 있다.

부동산 가치 평가 분야에서 AI는 방대한 거래 데이터와 시장 동향을 분석해 보다 정확한 가격 평가를 제공한다. 이를 통해 투자자 및 구매자는 신뢰할 수 있는 정보를 바탕으로 의사 결정을 내릴 수 있다.

수요 및 공급 예측에 있어서도 AI는 인구 증가, 경제 성장, 교통 인프라 변화와 같은 요인을 종합적으로 분석해 부동산 시장의 미래 수요와 공급을 예측한다. 이는 시장의 불균형을 줄이고 효과적인 개발 전략을 수립하는 데 기여한다.

맞춤형 부동산 서비스는 개인의 선호도와 구매 패턴을 분석해 적합한 매물을 추천함으로써 소비자 경험을 혁신적으로 개선한다.

'공간' 활용과 '공간 가치' 최유효 방안 제시

AI는 도시 내 공간 활용을 극대화하는 데 있어 핵심적인 역할을 수행하고 있고 앞으로도 그 역할이 중요해질 것으로 판단된다. 왜냐하면 다양한 빅데이터를 통해 공간의 효율적 활용과 공간 활용 방안에 있어 보다 합리적인 근거로 활성화 방안을 제시할 수 있기 때문이다.

스마트 공간 관리를 통해 공공시설, 주차장, 상업 공간 등 다양한 자원의 효율적 운영이 가능하다. 이를 통해 에너지 소비를 줄이고, 비용을 절감하며, 자산 관리(PM, Property Management)와 시설관리(FM, Facility Management) 측면에서 운영의 효율성을 극대화 할 수 있다.

공간 재구성의 측면에서 AI는 유휴 공간 활용 방안이나 도심 재생 프로젝트에 대해 혁신적인 해법을 제시한다. 유휴 공간이나 도심에서 활력이 떨어지는 공간을 찾는데 효율적일 뿐만 아니라 활력이 떨어진 곳을 찾아 복합적 용도로 활용할 수 있는 최적지를 찾아내 지역 경제와 주민의 필요를 반영한 지속 가능한 공간 활용을 가능하게 하는 데 효과적일 수 있다.

건축 설계에서 측면에서 AI는 공간 가치를 최유효화할 수 있는 방안을 제시한다. AI의 가장 큰 강점 중 하나는 방대한 데이터를 분석하고 활용할 수 있다는 점이다. 전통적인 설계 과정에서는 디자이너의 직관과 경험이 설계의 주축이 되었지만, AI는 다양한 사용자 데이터를 분석해 최적의 최유효화된 공간을 설계할 수 있다. 예를 들어, 스마트 홈 시스템은 사용자의 생활 패턴을 학습하여 조명, 온도, 습도를 자동으로 조정함으로써 편안함과 에너지 효율성을 동시에 높인다. 상업 공간에서는 고객 행동 데이터를 활용해 매장 레이아웃을 최적화해 소비자 경험을 개선하고 더 높은 매출을 창출할 수 있도록 돕는다.

더불어 공간 가치를 높이면서 공간의 지속 가능성 향상시키는데도 기여한다. 지속 가능한 건축은 현대 건축에서 필수적인 요소로 자리 잡고 있다. AI는 건물의 에너지 소비를 모니터링하고 최적화하는 데 강력한 도구로 사용된다. 기계 학습 알고리즘은 건물의 실시간 데이터를 분석해 냉난방 시스템을 효율적으로 관리하고 에너지 낭비를 최소화하는 방안을 제시할 수 있다. 또한 AI는 지역 기후와 환경 요인을 고려하여 건축 자재 선택과 배치를 최적화하는 데도 활용된다. 이를 통해 건축물의 수명 주기 동안 환경적 영향을 최소화하고 지속 가능한 도시 환경을 조성하는 데 기여할 수 있다.

AI는 창의적 설계와 사용자 경험의 확장에도 도움이 된다. AI는 단순한 분석 도구에서 나아가 창의적 설계의 영역으로 확장되고 있다. 기존에는 상상하기 어려웠던 복합적이고 유기적인 형태의 건축물이 AI 기반 생성 알고리즘을 통해 가능해지고 있다. 예를 들어, 패러메트릭 디자인 툴은 AI를 활용해 구조적 안정성과 미적 아름다움을 동시에 충족하는 디자인을 자동 생성할 수 있다. 더불어, AI는 증강현실(AR) 및 가상현실(VR) 기술과 결합되어 사용자에게 몰입형 공간 경험을 제공한다. 이러한 기술은 공간의 가치를 경험적으로 높이며 사용자가 실제 공간의 분위기와 동선을 미리 체험할 수 있게 해 주는 데 효과적일 수 있다.

바야흐로 도시계획과 부동산이 각기 다른 분야로 개별적인 것이 아니라 AI 기술로 인해 연결성과 데이터 분석을 통해 도시 공간, 부동산 공간이 상호 통합 · 융합되는 '공간 가치'의 시대가 열리고 있다.

참고문헌

서정렬(2019). 『도시재생사업의 이해와 실무』, 문운당.

서정렬(2022). 『국토 및 도시계획의 이해와 실무』, 문운당.

서정렬(2024.08.16). [서정렬칼럼] 'n분도시'와 1인 가구 '삶의 질', ≪1코노미뉴스≫. https://www.1conomynews.co.kr/news/articleView.html?idxno=30919

https://chatgpt.com/share/67749221-c1d4-800e-9163-e07f6bd1f780

https://chatgpt.com/share/677a4151-bd84-800e-83d7-458b78bb652f

서정렬

영산대학교 부동산학과 교수다. 가천대학교에서 도시계획학 박사 학위를 받았다. 서울연구원과 주택산업연구원, 부동산114 자회사에서 도시계획(설계)과 부동산 시장 분석 관련 연구 프로젝트와 컨설팅을 통해 도시와 주거 및 부동산 분야 관련 융합 연구와 컨설팅을 수행했다. 행정안전부 중앙보행편의증진위원회와 행정중심복합도시건설청 총괄자문위원, 부산시 도시재생위원회(위원장), 부산시 산업단지계획심의위원회(부위원장), 부산시 15분 도시 자문위원회, 경상남도 공공건축물 심의위원회 등에 참여하고 있다. 저서로 『도시 공공디자인』(2016), 『젠트리피케이션』(2016), 『스마트 디클라인, 창조적 쇠퇴』(2017), 『부동산 개발, 디벨로퍼』(2019) 등과 "빅데이터 분석을 통한 복합문화공간의 지역 콘텐츠 효과 분석"(2025)등 주거와 부동산, 도시 관련 다수의 논문을 발표했다.